AROMATIQUE NUMEROLOGY

幸せに生きるためのフォーチュン数秘学

数とアロマの開運法則

柳原いづみ

IZUMI YANAGIHARA

きずな出版

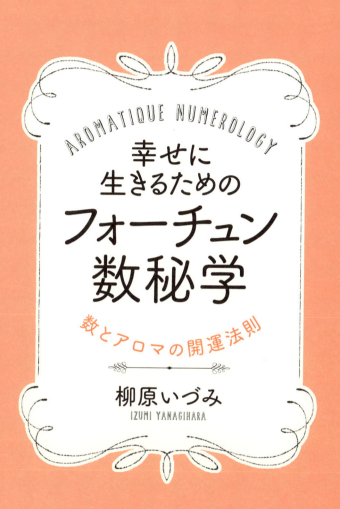

はじめに――

人生が輝きを増し、トキメキと豊かさが大きく膨《ふく》らみ、次々と夢がかなっていく秘密

「人間関係で悩んでいます」

「パートナーとの関係がうまくいきません」

「頑張っても、少しもいいことがありません」

「収入をアップさせるには、どうすればいいでしょうか」

これまで、個人セッションや私の主催するアカデミーの生徒さん、セミナー・講演会にいらっしゃるたくさんの方から、悩みを打ち明けられました。

恋愛から仕事のこと、家族のこと、自分の将来のこと……などなど、それこそ「ない悩みはない」というくらい、さまざまなことを相談されるのです。

けれども、相談の内容はさまざまでも、解決策にはいくつかの共通点がありました。

一つは、「人」に焦点をあてているうちは、解決できないということです。

たとえば、職場で上司との関係がうまくいかない、というとき、上司をなんとかしようとしても、エネルギーを消耗《しょうもう》するばかりです。

そうではなくて、まずは自分がすべきことを、やることです。

「もっとやりがいのある仕事につきたい」と思ったら、目の前の、「やりがいのない仕事」を丁寧にこなすことが先決です。

それもしないで、自分の希望ばかりを言っていても、始まりません。

――なんて、厳しいことを言って申し訳ないです。

この本は、あなたのために書きました。

だから、厳しいことも書いていこうと思います。

だって、あなたに変わってほしいから。

生きていれば、悩むこともあるでしょう。


私自身、幼い頃から、それこそ悩んでばかりいました。

幼い頃から人のオーラや妖精が見えたり、普通の人が聞こえないことを感じとってしまったり、エネルギーに敏感な体質で、頻繁《ひんぱん》に熱を出したりと虚弱体質でもありました。

子どもの頃の私は、大人が「こんにちは」と笑顔を向けてくれても、その笑顔とはまったく違うことを思っている、ということを感じとってしまうところがありました。

10代になると、世の中には裏と表があることに気づいて、批判的な気持ちを抱くことが多かったです。「変わっている子」のレッテルを貼られ、見えても、聞こえても何の役にも立たないという思いで、心が傷つくことも多く、それが、私の長年のコンプレックスでした。

けれども社会人になって、化粧品メーカーに入ったところで、一つの転機がありました。

メイクの実習でメイクされた人は、鏡で自分の顔を見て「わあ、きれい」と思った瞬間に、オーラがフワッと美しく変わるのです。

それまで私が人から感じとっていたオーラは、あまり感じのよいものではなかったのですが、それは、日々の生活のなかでの心の状態が反映し、オーラが悪くなっている人が多いということでしょう。

でも、メイクで、瞬間に美しく変わるオーラを見て、「メイクは人の心を、こんなふうにきれいにワクワクさせるものなんだ」ということに感動しました。

そして、メイクと心理学を学び、会社組織になじめない私でもあり、22歳のときに、独立しました。

神道を信仰する家庭に育ち、小学生の頃から叔母に連れられ、運命学や、気学、風水、手相、人相学、ヒーリング等に触れ、いつのまにか興味をもち、学ぶようになっていましたので、メイクのカウンセリングにさまざまなエッセンスを取り入れた、オリジナルの「スピリチュアルメイク心理セラピー」サロンを始めました。

まだインターネットもない時代で、マンションの一室から、それまで所属していた化粧品メーカーの製品を使わせてもらって、メイク教室を開いたわけです。

まったくの手探りで始めたことでしたが、そのうちにカルチャースクールから声がかかるようになり、クライアントさんからの口コミもあって徐々に大きくなり、取り入れた化粧品や美容器具は時代のヒット商品になりました。

このときに体験した、人に喜ばれて感謝をいただくビジネスの楽しさ、お金を生み出す醍醐味《だいごみ》は、現在、私の仕事の軸となり、全国に展開している女性の自立支援や「人から人へ愛を運ぶ」人材育成のアカデミーや協会運営の基盤となりました。

ところが、仕事が軌道《きどう》に乗り、会社が大きくなっていく過程で、周囲からは順調に見えたであろうなか、なぜか心から楽しめない、私らしさを失っていくような感覚をもつようになりました。

「苦しくて先が見えない」――そんな思いが半年くらい続いて、とうとうアトピー性皮膚炎を発症してしまいました。いまでも思い出したくない壮絶なアトピー性皮膚炎でしたが、そのことをきっかけに、さまざまな学び、さまざまな気づき、さまざまな出会いがありました。

私の人生を大きく変え、思いのままに、豊かで幸せな人生を謳歌《おうか》できる私になれたのは、この本で紹介する数秘学とアロマセラピーとの出会い、そして独自に確立した「スピリチュアル美容学（魂を美しく輝かせる、ボディ・マインド・スピリットのオリジナルメソッド）」によるものです。

話を元に戻せば、悩んでいる人のほとんどが、自分のことがわかっていないために迷っていることが多いように思うのです。

どんな悩みも、

「現代を生きる私たちが大切にすべきこと。
愛と豊かさと美しさの土台づくり」

と考えてはどうでしょうか。

「自分はこれからどういう方向に進んだらいいのか」

ということに、多くの方は、不安を抱えているわけです。

かつての私も、あなたと同じだったのです。

けれども、数秘学を知ることで、自分のことがわかりやすくなりました。

数秘は、「自分にある気質」を表すものです。

数秘学では、生年月日をもとに「数字」が出されます。

数字は、同じ計算式で出すということでは、誰のものでも明確です。

その明確さが、私にはしっくり来ました。

数字には、それぞれエネルギーがあります。

そのエネルギーを知ることで、私たちは、とても安心できるのです。

自分なりに、その数字のエネルギーを理解しながら生きていくと、流れがスムースになっていきます。


しかし、現代を生きる私たちには、古代の英知である「数秘」をそのまま理解しようとしても、なかなかエネルギーをつかめない、流れに乗れないとの声を多く聞きます。

私も数秘を学び、ティーチャーになり、その壁にあたりました。それは、数秘が誕生した古代と現代とでは、環境や生活の在り方が大きく違うからでした。

あなたを幸せに導く数字は、あなたが送る日常生活の過ごし方で、その輝き方は大きく違ってきます。


私たちが、幸せに生きていくためには、健康であることが大切です。

フォーチュン数秘学は、毎日の食生活を大切にすることからカリキュラムがスタートします。それは、私たち人間は、食べたものでできていますし、食とからだ、心は、密接な関係にあるからです。

近年、栄養学でも「心の病は食で治す」という心身のケアの在り方が定着してきました。


あなたは、毎日どのようなものを口にしていますか？

命を育《はぐく》む食をどのくらい大切にしていますか？

また、食べるだけではなく、排泄《はいせつ》までの流れが大切です。

次に、からだを動かすこと。

からだを動かすと気のめぐりがよくなり、発展するエネルギーを生み出します。定期的な運動もオススメです。

「運動」は、その字のごとく運を動かしてくれます。

そして、日々のストレスケアと良質な睡眠をとることも大事です。

頑張ったからだを、充分に休めることも忘れないでくださいね。

疲れたり、集中力がなくなってきたり、心のバランスが崩れそうになる前に、香りの力を借りて、ハッピーリセットすることを習慣にしてくださいね。

アロマセラピーは、「ホディ・マインド・スピリット」を調和させ、輝かせる、素晴らしい力と、幸せの循環をもたらす、地球からの贈り物です。

幸せにしかならないと決めてください。
あなたの人生の輝きの花を咲かせるために。

本書を読み進めるにあたり、あなたが選んで生まれてきた誕生日が、どんなエネルギーをもち、どんな魂からのメッセージを伝えてくれているか。

望んでいること、導かれていること、乗り越えること――平凡で退屈だと思っていた人生が輝きを増し、ワクワクするようなことが連続して起こりはじめるのです。


自分のことがわかりだすと、めざすこと、かなえたいこと、達成したいこと――トキメキと豊かさが、大きく膨らみ、思い描いた夢が次々にかなっていきます。

自分のことを知らないでは、開運もなければ、幸せにもなれません。

それどころが、悩みを本当の意味で解決することもできません。

数秘を知ることは、自分を知ること――。

自分のことがわかりだすのは、案外、簡単で、楽しいことなのですよ。

「自分は、幸せにしかならない！」と決めて、この本を読み進めてくださいね。

あなたとのご縁と、新しい人生の始まりに、心からの祝福と感謝の思いをこめて。

柳原いづみ

目次

第1章

自分のエネルギーを知る
数秘学の基本

第2章

自分を覚醒するアロマセラピーの使い方

第3章

自分を取りもどすフォーチュン数秘学

幸せに生きるためのフォーチュン数秘学

――数とアロマの開運法則

「フォーチュン数秘学」はフォーチュンスタイリストアカデミーの商標登録です。

第1章

自分のエネルギーを知る数秘学の基本

数秘学とは――
数字にはエネルギーがあり、
神秘の力が宿っている

数秘学は、英語で「ヌメロロジー（numerology）」（numero［数］＋logy［学、あるいは論］）といいます。直訳では、「数の学」あるいは「数の論」といった意味になります。

「数の学」である数秘学では、その基本原理として、一つひとつの数には特別な意味があると考えます。また、この宇宙のすべてのものは、「数の法則」によって秩序づけられ、支配されているとみなされます。

したがって、その数の法則に基づくことで、私たち一人ひとりの「運命」「使命」「才能」「カルマ」「人生の意味」などといったことのすべてを明らかにできるツールが数秘学です。

数秘学のルーツは、およそ２５００年前、古代ギリシャのサモス島で生まれた数秘学者ピタゴラスによって体系づけられました。

幾何学の創始者として有名なピタゴラスですが、数学者であると同時に、医学、薬学、建築学、天文学、宗教家、神秘主義思想家でもある賢者、哲学者でした。

数には、「それぞれの固有のエネルギー」があることや、「神秘的な力」があり、「魂」が宿っているとピタゴラスは唱《とな》えました。

私たちは誕生したその瞬間に宇宙からは「魂の目的」を、また名前を与えられることによって「性質」を授かります。

私たちの人生は、生年月日と名前によって、生涯の学びが示されます。

あなたの生年月日からの個々の数字や、名前を表現する数は、決して偶然の産物でも、親からたまたま与えられたものでもありません。

私たちの魂は生を受けるとき、どんな要素をもって学ぶのかを決め、自ら両親や環境を選んで身を置くことを覚悟します。

あなたは特定の数のエネルギーを、自ら選択して生まれてきているのです（数秘学は、過去生・現生・未来生という輪廻《りんね》転生《てんしょう》の概念《がいねん》を基本にしています）。

そして、永遠の生命を象徴するものが、「生まれ変わる魂」です。

前世を終えたあなたの魂は、さらなる成長と進化をめざして、今生における人生の青写真（ブループリント）を描きます。その魂の地図が、生年月日や名前を表現する数のなかに暗号として隠されています。

あなたの魂は、成熟することを望み、高いステージをめざして上昇することを、意識しているしていないにかかわらず、強く希望しているはず。あなたが自ら選んだ人生を、あなたの魂が望んだように、丁寧に生きていきましょう。

数秘学は、あなたの魂の本質を目覚《めざ》めさせるための「礼節」であり、幸せな人生を開花させるための「教養」です。

数秘チャートについて――誕生日から読みとるもの、名前から読みとるもの

数秘のチャートを構成するものは、大きく分けて2つあります。

（1）誕生日から読みとる「数字」
（2）名前から読みとる「数字」

（1）の誕生日から読みとるものには、次の4つがあります。

❶ **［本質美数（ライフパス）］**

その人の本質、資質、人生に対しての姿勢、潜在的才能

❷【本質美開花サイクルナンバー（個人周期）】
一年の運気やテーマ、今年のリズム

❸【ピナクル&チャレンジ】
ライフパスに至る人生の道筋（目標&学び）

❹【幸運美数（条件づけ）】
生まれながらの環境と、植えつけられてきた概念的価値観による無意識の反応

（2）の名前から読みとるものには、次の5つがあります。

❶【表現美数（ディスティニーナンバー）】
社会に対して表現していく自分の能力・才能

❷【潜在美数（ソウルナンバー）】
内なる自分、ハートの奥で望んでいること、魂の動機

❸【印象美数（ペルソナナンバー）】
外なる自分、人からどう見られているか、印象イメージ

❹［魂の履歴］

❺［気質バランス］

また、誕生日と名前を融合して導き出される数には、次の2つがあります。

❶［開花美数（マチュリティーナンバー）］

年齢を重ねるにつれて明らかにされる人生の方向性や在り方

❷［洞察美数］

チャートに表れない、数同士の関係性やバランスを洞察するための数

以上の「数」により数秘チャートは構成されます。

本書では、「誕生日」から導き出される［本質美数（ライフパス）］と［本質美開花サイクルナンバー（個人周期）］を中心にお話ししていきましょう。

誕生日から導かれる「本質美数（ライフパス）」の出し方

「本質美数（ライフパス）」は、その人が今生で学んでいくテーマ（魂のミッション「目的」、人生の軌道、自己実現・運命）を表し、人生全般に作用していきます。

「ライフパス」とは、「Life（人生）」「Path（道）」の意味で、「本質美数」は、人生を通して訪れる可能性や運命の動き、自己実現へ向けて学ぶのに必要となる主な課題です。

この数の「純粋な本質」の体現が、輝ける未来と豊かな人生をもたらします。

「本質美数（ライフパス）」は、生まれた年と月、日をそれぞれ1桁にした「3つの数字」

の合計から導かれるもので、計算方法は次のようになります。

《計算方法❶》誕生日「1968年12月17日」の計算例

（1）誕生年（西暦）を一つずつ、1桁になるまで足します。
例……「1968年」↓「1＋9＋6＋8」＝24、「2＋4」＝「6」

（2）誕生月を足して1桁にします。
例……「12月」↓「1＋2」＝「3」
1桁の場合は、そのまま。
例……「8月」↓「8」

（3）誕生日を足して1桁にします。
例……「17日」↓「1＋7」＝「8」
1桁の場合は、そのまま。
例……「5日」↓「5」
足して2桁になる場合は、1桁になるまで足します。

例……「19日」↓「1＋9」＝10、「1＋0」＝「1」

（4） 誕生年・誕生月・誕生日で出した1桁の数をそれぞれ足し、1桁にします。
例……誕生年「6」＋誕生月「3」＋誕生日「8」＝17、
「1＋7」＝「8」

↓

［本質美数（ライフパス）］は、「17／【8】」となります。

★《計算方法❶》で、あなたの［本質美数（ライフパス）］を計算してみましょう。

誕生年（　　　　）年」↓「　＋　＋　＋　」＝「　　」

誕生月（　　　　）月」↓「　　＋　　」＝「　　」

誕生日（　　　　）日」↓「　　＋　　」＝「　　」

［本質美数（ライフパス）］（2桁）／【　　】

《計算方法❷》誕生日「1968年12月17日」の計算例

(1) 誕生年月日をすべて一つずつ足します。

例……「1968年12月17日」

「1＋9＋6＋8＋1＋2＋1＋7」＝「35」

(2) 2桁の数を足して、1桁にします。

例……「3＋5」＝「8」

↓

［本質美数（ライフパス）］は、「35／【8】」となります。

★《計算方法②》で、あなたの［本質美数（ライフパス）］を計算してみましょう。

誕生年月日（　　　年　　　月　　　日）

↓

「西暦　＋　＋　＋　＋月　＋　＋日　＋　」＝「　　」

［本質美数（ライフパス）］（2桁）／【　　】

◎それぞれ数字についてのキーワードは、「第3章」をごらんください。

2桁の数字にも大切なメッセージがある

［本質美数］を導き出す際に、1桁にする一つ手前の数（＝2桁の数）からも、数のエネルギーの質について考察することができます。

たとえば、［本質美数］が【8】の人は、2桁の数は次のいずれかになります。

「17／【8】」　「26／【8】」
「35／【8】」　「44／【8】」

「17／【8】」を構成する「数字のキーワード」は、以下の通りです。

・「1」…革新・独創性と自信
・「7」…洞察と変革
・「8」…成功と無限のパワー

このキーワードから考察すると、「自分という存在に自信をもって独自性を発揮《はっき》していくことで、目で見えることを超えた気づき・アイデアがもたらされ、自分だけの成功に留まることなく、広い世界に豊かさの循環を与えることができるエネルギー」といえます。

「26／【8】」を構成する数字のキーワードは以下の通りです。

・「2」…協調・内面のバランス
・「6」…奉仕とハートの真実
・「8」…成功と無限のパワー

このキーワードから考察すると、「自分と他者との調和とともに、自分の内面との調和がなされるとき、内側から愛や美にあふれた思いが、自分にも他者にも豊かさと感謝とともに循環するエネルギー」といえます。

「35／【8】」を構成する数字のキーワードは以下の通りです。

・「3」…自己表現とコミュニケーション
・「5」…冒険と知性
・「8」…成功と無限のパワー

このキーワードから考察すると、「自分を表現しながら他者とのコミュニケーションをはかり、新しいチャレンジに挑《いど》むとき、知性は養われ、自分にも他者にも豊かさが感謝とともに循環するエネルギー」といえます。

このように、同じ【8】であったとしても、引き寄せるエネルギーに違いがあるため、【8】のエネルギー自体にも違いが出て、数そのものが醸《かも》し出す雰囲気が異なります。

1桁の数を構成する「2桁の数」を知ることで、より深く数のもっているエネルギーに触れることが可能となります。

数字の相性——相手の気質を知って、寄り添いながら生きていく

数秘では、自分のことがわかるのと同様に、自分以外の人のことも知る手掛かりになります。

「どうして、あんなことをするのだろう」

「どうして、あんなことを言ったのだろう」

と考えるとき、相手の数字のエネルギーを知って、腑《ふ》に落ちることがあります。

たとえば、私のパートナーは「5の人」で、本質のエネルギーは「自由」です。

彼は、毎日の食事の時間も決まっていません。

朝出かけたら、帰りは何時に戻ってくるかわかりません。

「言わない」のではなく、本人にも「わからない」のです。

最初は、戸惑《とまど》いました。

もともと私は、堅実な「4」のエネルギーが強い家で育ちましたから、食事の時間も、毎日決まっていることが、私の常識でした。

いつのまにか慣れてしまったところもありますが、相手が「5の人」だとわかってからは、「なるほど」と思い、彼のことがより理解できるようになりました。

そして、私も、「5」と無縁ではないことが数秘でわかったのです。

私の数秘は「7」ですが、2桁では「25」です。「2＋5」の「7」なのです。

時に人から「7」のイメージじゃないと言われることもあります。

それは、「7」のエネルギーよりも、その要素である「2」と「5」のエネルギーが強く出ているのかもしれません。

自分に、「2」の女性性と「5」の自由さがあることを知って、自由なパートナーの生き方に共感できることも納得しました。

数秘では、相性のいい数字、悪い数字という考え方は、ありません。

相手の欠点と思える気質も理解して、寄り添っていくというのが、数秘の考え方です。

寄り添うことが難しい相手というのは、いるかもしれません。

たとえば、堅実な「4」と自由な「5」では、そのエネルギーは対極にあるといっても過言ではありません。

たとえば、「5」の子どもは枠にはめられると、本来の自分で生きられないということがあります。けれども、「4」の親にとっては、枠のなかに収まることが大切なのです。

子どもが小さく、自分の気持ちを伝えられない場合には、知らずしらずのうちに親が子どもを抑え込んでしまうということがあるかもしれません。

その反対に、「5」の親と「4」の子どもの場合には、親が子どもを急《せ》かして、混乱させてしまうことがあります。

「4」の子どもは何でも、しっかり着実にやりたいのに、「5」の親は、「もっと挑戦しなさい」「あれもこれもやってみなさい」と言ってしまいます。「5の人」にとっては、挑戦することが生きるエネルギーになっていますから、それを子どもにも強要してしまうのです。結果、子どもは、何をしていいか、どうしていいかわからなくなってしまいます。

理解できない相手と出会ったときこそ、数秘の出番です。

「1」の数秘をもつ上司は、エネルギーが強くなりすぎると支配的になりがちです。それに対して、たとえば部下が「6」の場合には、困ったことがあっても相手を思うあまり口に出すことができない、ということがあります。

結果、一方的に責める上司と何も言えない部下の構図ができてしまいます。

「6の人」には、できるだけ話を聞いてあげるようにすることで、問題を大きくしないですむことがあります。

「1の人」が攻撃的になっている場合には、冷静な自分に戻るまで放っておくというのも一つの手です。それこそ、アロマセラピーの知識が役に立ちます。

人には、それぞれエネルギー（気質）があることを理解すること。そのうえで、自分のエネルギーをどう生きるのかが、私たち全員に与えられたテーマでもあります。

誕生日から導かれる「本質美開花サイクルナンバー」の出し方

数秘は、9年を一つのサイクルとして、次のように意味づけて考えます。

［1年目］開拓……種まき
［2年目］成長……育む
［3年目］発展……創造
［4年目］基盤……建設
［5年目］変化……活動
［6年目］奉仕……与える

【7年目】変革……内観
【8年目】収穫……評価
【9年目】完結……再生

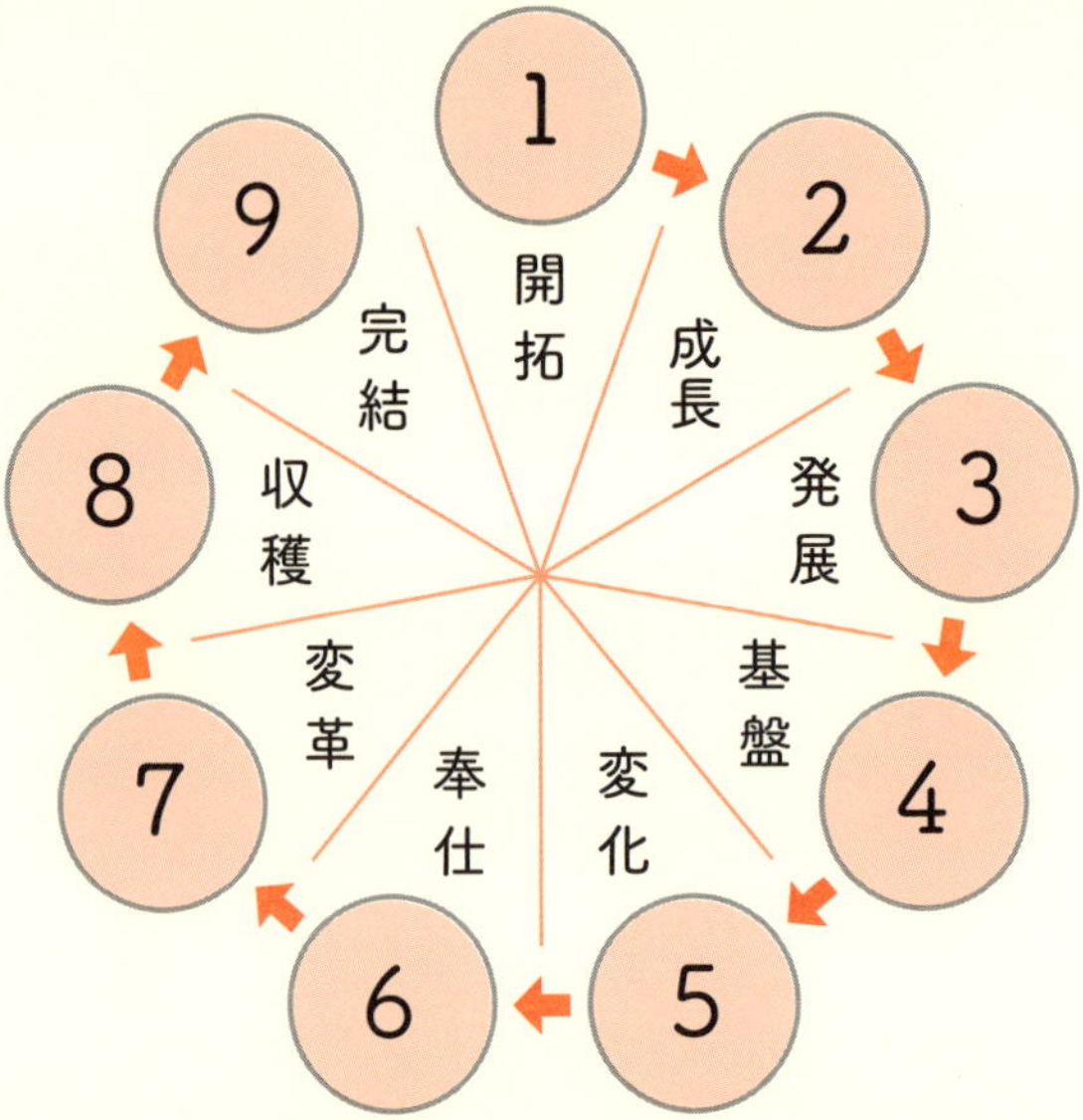

1年ごとに変化するそれぞれの数のエネルギーの影響を受けながら、訪れてくる学びを体験していきます。

いま現在のあなたのエネルギーリズムを知ることで、起こる出来事に対して意識的に取り組むことが可能となります。その年ごとの〝特定の数のエネルギー〟に沿うことが、「人生を最幸《さいこう》に生かす流れ」に乗る秘訣です。

あなたの「本質美開花サイクルナンバー」を計算してみましょう。

《計算方法》は、「本質美数（ライフパス）」を計算したときと同じ。「誕生年」を「今年の西暦」に置き換えるだけです。

今年の西暦（　　）年」↓「　＋　＋　＋　」＝「　」

誕生月（　　）月」↓「　＋　」＝「　」

誕生日（　　）日」↓「　＋　」＝「　」

「本質美開花サイクルナンバー」【　】

★［「本質美開花サイクルナンバー」からのメッセージ

本質美開花サイクルナンバー〔1〕……〔開拓〕種まき

「新しい価値を創造する」

「新しい道を開拓する」

開始、目標、構想、計画（ビジョン）、積極性、独創性、独立願望、開業、試験、資格

本質美開花サイクルナンバー〔2〕……〔成長〕育む

「自己の内的成長」

「心の触れ合い」

育成、信愛、支援、感受性、受容性、心の交流、出会い・共同事業・情報収集

本質美開花サイクルナンバー〔3〕……〔発展〕創造

「人生の展望を開く」

「ワクワクと喜びを生きる」
発想、希望（ひらめき）、表現力、社交性、創作意欲、好奇心、遊び心

本質美開花サイクルナンバー〔4〕……〔基盤〕建設
「人生の基盤を築く」
「内なる安心感を得る」
意志、構築、確認、確実性、継続、基盤づくり、独立独歩

本質美開花サイクルナンバー〔5〕……〔変化〕活動
「新しい世界へ挑む」
「自由を満喫する」
変化、冒険、自由、若々しさ、探求心、自発性、新しい体験、発想の転換、交流、
変身、才能開花

本質美開花サイクルナンバー〔6〕……〔奉仕〕与える

「美と調和をもたらす」

「心のつながりを深める」

責任、慈愛《じあい》、信頼、感受性、関係性、魂のつながり、優雅、気品、豊かさ

本質美開花サイクルナンバー〔7〕……〔革新〕内観

「さらなる高みをめざす」

「未知なる世界の探究」

探究、洞察、熟考、知恵、直観力、精神性、未知の世界（神秘）、発見、発明、改善改良、孤独

本質美開花サイクルナンバー〔8〕……〔収穫〕評価

「真のパワーを手にする」

「実りある収穫を得る」

実行力、現実性、繁栄、達成、成就、貢献、成功／失敗、賞賛／中傷、繁栄／衰退

本質美開花サイクルナンバー〔9〕……〔完結〕再生

「すべてを完結させる」

「運命に身を委《ゆだ》ねる」

変容、寛容、尊重、清算、共感能力、信頼性、柔軟性、明け渡す、手放す、再生

第2章

自分を覚醒するアロマセラピーの使い方

本能を目覚めさせる数秘学とアロマセラピー

数字の意味がわかっても、中心のエネルギーを上げていくことをしなければ、エネルギー全体が整っていきません。それをするためのアイテムとして私がオススメするのが、エッセンシャルオイルを用いるアロマセラピーです。

古代の英知である「数秘学」と、自然からの恵みである「アロマセラピー」を組み合わせることにより、本来人間がもっている「幸せに生きようとする本能」を目覚めさせるメソッドを「アロマティックヌメロロジー」と名づけました。

数からのメッセージを読み解き、自身のもつ数のエネルギーバランスを知り、アロマを用いたアロマリーディングやヒーリング法を効果的に取り入れる方法や五感で感じることを体感しながら、思考・感情・行動を司《つかさど》る脳と潜在意識を整えることにより、誰もが、本質や才能や魅力を美しく開花できるようになります。

私のすすめる数秘学により、人生の目的・使命・テーマ・ライフ美バランス・現在のエネルギーリズム等を表す8つの美数（「本質美数」「本質美開花サイクルナンバー」「表現美数」「潜在美数」「印象美数」「開花美数」「幸運美数」「ソウル美ステージナンバー」）を読み解くことで、「自分の本質を知り、人生を素敵に生きるストーリーのプログラム」を認識し、自分のもつエネルギーリズムに沿って、「なりたい自分」を意図できるようになります。

また、「数秘学」に「香り」をプラスすることにより〝美しく健康な魂〟を内面から輝きにあふれさせ、その人の望むステージへ導いていきます。

カラーセラピー、チャクラ思想、ホリスティックビューティー、カラードリームコラージュなどを取り入れ、幸福感いっぱいのハッピースパイラルへと導いていくための気づきとなる人生のストーリーを確立します。

1900年代は、数秘でいえば、「1＋9」＝「10」、「1＋0」＝「1」で、男性性の強い年代でした。2000年代に入って、「2＋0」＝「2」で女性性に変わりました。「2」の時代を私は「女神の時代」と呼んでいますが、自分をケアすることを知り、自分も相手も幸せであることが求められています。

それこそ、数秘学とアロマセラピーで、日常で実践できるプランニングと、〝女神の時代〟である2000年代のエネルギーをパワフルに生き抜き、魂が喜ぶ心とからだをつくっていきましょう。

このメソッドを手にするすべての人のエネルギーを開花し、心・からだ・精神・魂から最高に輝かせ、豊かなライフスタイルを実現していきます。

香りで癒《い》やす
アロマセラピーの基礎

アロマセラピーとは、

「アロマ」……………………………「芳香」

「セラピー」………………………「療法」

という意味ですが、エッセンシャルオイルを使って人間が生まれつきもっている自然治《ち》癒《ゆ》力を呼び覚《さ》まし、心身の調和をはかる技術であり、植物エッセンシャルオイルを用いた健康管理法および療法として知られています。

「療法＝治療」というような意味だけではなく、癒やし・健康法といった広い意味合いをもち、主に芳香浴・入浴・塗布《とふ》・吸入・スプレー・湿布・トリートメントマッサージなどの手法が用いられます。

アロマセラピーでは、芳香（香りを楽しむ）だけでなく、外用（肌に塗る）、飲用など、さまざまな方法でエッセンシャルオイルを使用します。

ただし、オイルなら何でもいいというものではなく、市販されているもののなかには、飲用できないエッセンシャルオイルもあります。

何の予備知識ももたずにアロマセラピーを実践すると、トラブルを引き起こす可能性もありますので、正しい知識を身につけることが大切です。


ここで、アロマセラピーの歴史についてお話ししましょう。

地球は約46億年前に誕生し、27億年前に光合成を行う生物が出現したといわれています。人の祖先は２００万年前に出現したといわれており、地球の歴史から見れば、ごく最近の生物です。２００万年の歴史のなかで、人は植物と共に生きてきました。衣食住の多くの部分を、植物に依存してきたのです。つまり、我々人間は、動物よりも、植物よりも、細菌よりもずっとずっと後に誕生し、この地球にお邪魔している生き物なのです。

「アロマセラピー」という言葉が確立されたのは、比較的最近のことです。

フランスの化学者であり調香師だったルネ＝モーリス・ガットフォセが、エッセンシャルオイルを用いた療法の著書『aromathérapie』を1937年に発表した際に初めて、「アロマセラピー」という言葉が使われました。

「アロマセラピー」はフランスで名づけられ、イギリスに伝わったのですが、フランスとイギリスでは、異なる目的に利用され、それぞれ発展していきました。

私たちの祖先は古代より、世界各地で、芳香植物（香りの成分を充分に含んだ植物：ハーブ）を宗教行事や治療に利用してきたことが、多くの文献に記されています。

日本では、中国から入ってきた薬の考え方を、漢方として取り入れてきました。また、平安時代には香りを楽しむ文化が発展し、現在では香道として一つの体系をなしています。

線香や匂い袋、菖蒲《しょうぶ》湯やゆず湯など、香りはとても身近なものとして使われてきました。

エッセンシャルオイルの香りは「物質」で、エッセンシャルオイルに含まれている「炭素」「水素」「酸素」からつくられている芳香分子です。この3つの分子がいろいろに組み合わさることによって、エッセンシャルオイルの香りや作用が生み出され、心身にさまざまな影響を与えています。

エッセンシャルオイルの有効成分が、心やからだに作用するルートは4つあり、そのメカニズムを知ると、アロマセラピーによる効果をさらに深く理解することができます。

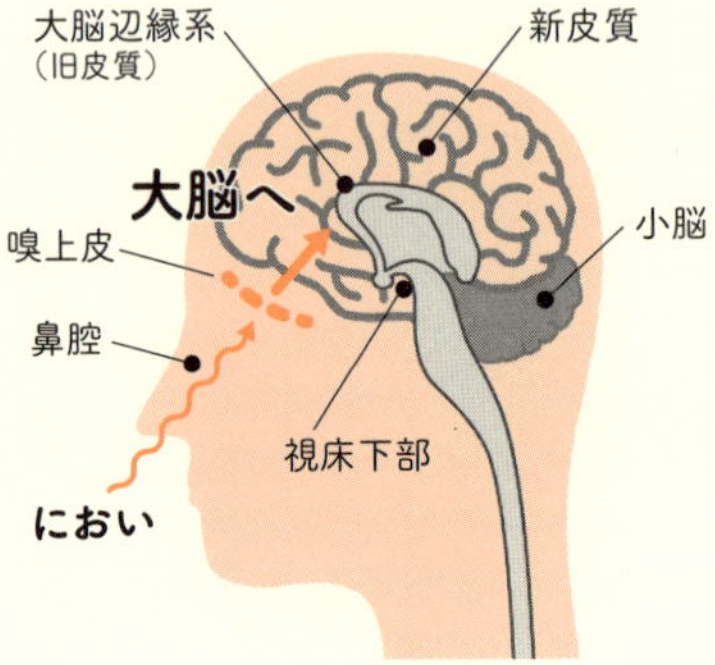

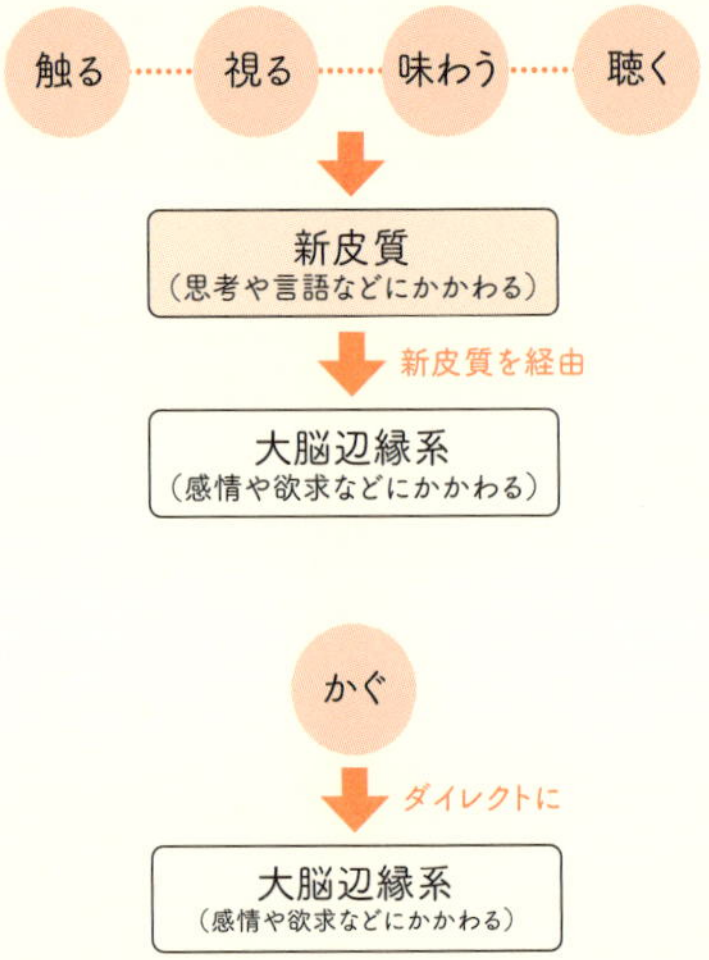

五感（触覚・視覚・味覚・聴覚・嗅覚《きゅうかく》）のなかでも、「嗅覚」は他の感覚と異なります。

嗅覚以外の感覚は刺激が加わると、「大脳新皮質」へとその刺激が伝わります。

「大脳新皮質」は、考えたり判断したりする働きがあり、理性を司っています。

嗅覚は、本能を司る脳「大脳辺縁系」へダイレクトに伝達されます。

「大脳辺縁系」は、私たちのからだの生命維持を司る働きと、記憶や感情を司る「感じる脳」の働きもあります。

嗅覚は「大脳新皮質」へ伝わるよりも前に「大脳辺縁系」へ直接伝わるため、考えて判断することなく、「感じる脳」が「快（好き）」「不快（嫌い）」を感じとり、感情を揺さぶり、行動に移す信号が「大脳新皮質」へ送られていきます。

「大脳辺縁系」は、本能に関わる場所なので、香りを〝心地よい〟と感じれば、マイナスの信号が出ていた脳の状態を即座にプラスの信号へと変換します。これにより、気持ちが落ち着いたり、前向きな気持ちになったり、という感情の変化が起こります。

これがアロマセラピーの「心理作用」です。

また、香りは感情だけでなく、自律神経系・内分泌系・免疫系といった身体のバランスを調整する機能にも働きかけます。

これがアロマセラピーの「薬理作用」です。

このことから、私たちが惹《ひ》かれる香りは、感情と身体にプラスに作用し、思いを現実化する行動へとつなげる力として働きます。

香りは、魂の力=本質開花のために、「心・思考・肉体」のバランスを整えてくれるのです。

エッセンシャルオイルの抽出方法と、抽出部位の意味と役割

植物からエッセンシャルオイルを抽出するには、次のような方法があります。

水蒸気蒸留法

もっともポピュラーな抽出方法で、原料となる植物を蒸して抽出します。

エッセンシャルオイルの原料となる植物を蒸留釜のなかに入れ、蒸気を吹き込み、蒸気の熱によって植物の油胞《ゆほう》（油のう）に含まれる芳香成分を気化させます。

その気化した芳香成分を含んだ水蒸気を、冷たい水で冷却して、液体に戻します。

このとき液体は水分と油分に分離し、上部がエッセンシャルオイル、下部が芳香蒸留水（フローラルウォーター）となります。熱や圧力によって化合物（エッセンシャルオイルの成分）が壊れやすいため、低温・低圧力で抽出されたものが品質のよいエッセンシャルオイルとなります。

●圧搾《あっさく》法

一般的に、柑橘《かんきつ》類の果皮から搾《しぼ》りとる抽出方法です。ローラーや遠心分離機などの機械を使って果皮を圧力で搾り、油のうからエッセンシャルオイルを抽出します。

この方法は熱を加えないため、熱に弱い柑橘類に多く利用され、よりナチュラルな香りを楽しむことができますが、ほかの方法で抽出されたものより、温度変化などに弱く、品質の劣化が早いため、開封後は早めに使い切るようにします。

●溶剤《ようざい》抽出法（アブソリュート）

揮《き》発《はつ》性の有機溶剤を使用して抽出する方法で、ジャスミンなど水蒸気蒸留法で抽出されにくい繊細な花のエッセンシャルオイルを抽出する際に使われます。

植物の芳香成分を溶かし出す石油エーテル、ヘキサン、ベンゼンなどの有機溶剤に、原料となる植物を漬け込みます。そうして、いくつかの工程を踏んだ後、最終的に芳香成分が溶け出した溶剤から、エチルアルコールを使って芳香成分のみを取り出します。

この方法で抽出されたエッセンシャルオイルは、水蒸気蒸留法や圧搾法で抽出されたものと区別するため「アブソリュート（abs.)」と呼ばれます。

エッセンシャルオイルが抽出されるのは、花・葉・果皮・木の心材・樹脂・根など多くの部位にわたります。植物には部位ごとに役割と意味があり、抽出されたエッセンシャルオイルにも、その質が反映されています。

「数」に対応するエッセンシャルオイルの抽出部位からも、そのエネルギーを考え、リーディングに役立てることができます。

・**根**……………生きるための基盤、地に足をつけて根を張る、大地とのつながり

（手に入りやすいオイル）ジンジャー、ベチバー

・**木の心材**……まっすぐ立つための芯（背骨）、意志や信念、方向性、安定性
（手に入りやすいオイル）バーチ、サイプレス（杉）、サンダルウッド（白檀《びゃくだん》）

・**樹脂**……神とのつながり、天界とのつながり
（手に入りやすいオイル）フランキンセンス、ミルラ

・**皮**……実り、豊かさ、エネルギー、プロテクト、気を流す
（手に入りやすいオイル）ワイルドオレンジ、グレープフルーツ、レモン、シナモン、ベルガモット

・**葉**……呼吸、発散、手放し、癒やし、変化を支える強さ
（手に入りやすいオイル）ユーカリプタス、ゼラニウム、レモングラス、マジョラム、ティートリー、ペパーミント、タイム

・**花**……自分を受け容《い》れ心を開く、感情の解放、精神性、美
（手に入りやすいオイル）クローブ、クラリセージ、タイム、ローマンカモミール、ラベンダー、ペパーミント、ローズマリー、イランイラン、ローズ、パチョリ

チャクラと数と香りの関係

「チャクラ」は、サンスクリット語で「車輪」という意味で、エネルギーポイントのことです。目には見えませんが、尾骨《びこつ》の辺りから頭頂部にかけて存在するもので、主要の7つ（または8つ）のチャクラを中心に渦を巻くように自然のエネルギーを取り込みます。このチャクラの動きがオーラにも反映しています。

チャクラはからだの部位や心の動きと密接な関わりがあるので、ネガティブな感情が溜まり、バランスが乱れたりすると、心身の機能も低下してしまいます。チャクラのバランスを保ち、自然治癒力を活性化させることが、健康で美しく豊かな人生を歩むための一つの方法なのです。

チャクラが本来の機能通りに働いていれば、情報やエネルギーなどに共鳴しやすいようにしたり、チャクラをちょっと縮めて自分にとってよくない情報は入らないようにしたりして、コントロールします。

しかし、チャクラのバランスが崩れ、このコントロールができず、不必要なものまで何でも取り込んでしまうと、混乱をきたしてしまいます。

それは自念の力が強く、いつでも何かを欲している人や、チャクラが不必要に開いてしまっている場合などに起こりやすくなります。

もちろん自分では望んでいないのに共鳴してしまう場合もあるのですが、じつは多くの場合は、自ら欲して共鳴しているようです。

その人の人生における過去の体験とか過去世とか、いろいろ理由はありますが、その人の現在の在り方や意識が共鳴を起こして、さまざまな現象を引き寄せてしまうのです。

このようにチャクラとは（そしてオーラも）、その人の現在の在り方を反映し、表して見せてくれるものなのです。

チャクラの状態がよくないときに、チャクラ自体をヒーリングしても、一時はよくなるのですが、本人の在り方が変わらない限り、再び元の状態に戻ってしまう確率が高いとも言えます。

ではチャクラを安定させるには、どうしたらよいのでしょうか。

それには、自分自身の本来もつエネルギーや資質、過去生・現生含めての自分を知ることが大切です。そこで数秘（術）が大いに役立つのです。

また、人は何か好きなことにすごく集中しているとき、熱があったのを忘れてしまったり、お腹が痛かったのが気にならなかったりすることがありますが、そういうときは、潜在意識が非常に活性化して、チャクラも安定しているために、その一瞬、調子がよくなるのです。人間の意識には、こんなすごい力があるのです。

ですから、潜在意識を活性化させ、チャクラを安定させることが大切なのですが、それに大いに役立つものの一つが〝香り〟です。

香りというのは、脳や意識レベルに働きかけるので、チャクラの活性化には必要不可欠なものなのです。

香り（エッセンシャルオイル）を使って、毎日を意識的に生きることができれば、チャクラも安定し、オーラもきれいに光り、その結果、人生も輝いていきます。

数秘で示される「数のエネルギー」を強化することもできます。

チャクラもオーラも、大きいから優《すぐ》れているというわけではありません。小さくてもバランスがとれていることが大切です。

何かに偏《かたよ》ることなく、中庸《ちゅうよう》であること。

たとえば、右脳だけではなく、左脳も使う。頭だけではなく、心もからだも磨く……いまの自分にできることを、楽しみながらしていくことです。

主要のチャクラは7つ（または8つ）といわれていますが、その他にも全身にチャクラは存在し、副チャクラとして、第0チャクラや、第9以下14チャクラまであるという考えもあり、位置や働きに関しても見解はさまざまです。

私は、数秘の「1」～「9」に、以下のようにチャクラを対応させています。

・第1チャクラ（尾骨・会陰《えいん》部）……生命・意思
・第2チャクラ（丹田《たんでん》・仙骨《せんこつ》）……感情・行動・喜び
・第3チャクラ（みぞおち）……個性・ユーモア
・第4チャクラ（胸の間）……愛・癒やし・調和
・第5チャクラ（喉《のど》）……表現・コミュニケーション
・第6チャクラ（眉間《みけん》）……直観・イメージ・第3の目
・第7チャクラ（頭頂部）……宇宙意識・思考・悟《さと》り
・第8チャクラ（首の後ろ）……宇宙エネルギー・魂の目
・第9チャクラ（足の裏）……グランディング・安定

数のエネルギーと香りのエネルギーとの関係性を知り、より深い部分でその人の状態に合ったヒーリング法を見つけていきましょう。

残念ながら、すべてのチャクラや数のエネルギーが、常にバランスよく活性化している人はほとんどいません。

誰しも、あるときはプラスに、あるときはマイナスに偏ることはあります。

それをいかにバランスよく、本来の状態に戻していくかが大切なので、まずは現在の自分の状態を知り、意識に働きかけ、バランスを崩している部分を活性化させるアイテムとして、エッセンシャルオイルを取り入れていきましょう。

第3章

自分を取りもどす フォーチュン数秘学

1の数――

リーダー気質で世界を広げる

＊独立心や自立心が旺盛《おうせい》で、行動力のある活発な人です。基本的に現実的な性格で、スピリチュアル系に興味をもつことは少ないかもしれません。人に頼るというよりは、自分で自分の道を切り拓《ひら》く人。からだを動かすこと、グランディングが大切。

◉数の本質（純粋なエネルギー）
陽・男性的エネルギー／能動性／自立／自信・自我／リーダーシップ／革新・独創性

◉特徴
新たな可能性を開き、エゴを超越して、自信をもって突き進むエネルギー。

◉象徴
「絶対」「始まり」「達成」「統一」「パイオニア」

◉カラー　レッド

◉マイナス

臆病、依存的・服従的、自己不信、自分がない、尻込み、意志薄弱《はくじゃく》、体制に従順、中心が定まらない、自己破壊的・自滅、無目的、無気力、意気消沈、途中で投げ出す、行動を起こせない、延期する

◉プラス

高慢、支配的・攻撃的、独裁的、自信過剰、わがまま、無鉄砲、自己中心的、利己的、押しつけ・頑固《がんこ》、思い上がり・孤立、過剰な目的志向、思い込み、自惚《うぬぼ》れ、短気、強引、せっかち

●●●………「1」のあなたへ

「1」の人というのは、男性でも女性でも、男性的な気質で、積極的に、自分の人生を貪欲に生きていきます。生まれながらにリーダーシップがある、ということができます。

ここに、「1」の人の課題があるのですが、「私がリーダーです」と言うだけでは人はつ

いてきません。リーダーがリーダーであるためには、それなりの努力が必要なのです。

周りの人たちに気を配りながら自分を磨いていく——これが「1」の数字です。

ところが、「自分は生まれながらにリーダーなんだ」というところに甘えて、周囲に配慮することもせず、自分で努力もせず、ただ自分だけで突っ走ってしまうと、ふと振り返ったら「え？　誰もいない」ということがあるのです。

「1」の人は、自分を磨くことを忘れてはいけません。

また、目標をもつことが大切です。目標をもつというのは、どの数字の人にも当てはまることですが、リーダー気質のある「1」の人は、とくに意識しておきたいことです。

数秘学では、人は、その生年月日を選んで生まれてきたという考え方をします。

「生年月日」が、自分が選んだものだとわかると、数秘は楽しくなります。

それは決して「偶然ではない」のです。

数秘は、学問です。前でもお話ししたように、数学者であり、哲学者でもあったピタゴラスが体系づけたものです。ですから、誰にも明確で、わかりやすいのです。

数秘を知るというのは、自分が選んで生まれてきたものを、自分でわかる、ということです。そして、その選んだことを磨いていくのが数秘学なのです。

これまでの人生で、「なんかしっくり来ない」という人は、リーダーとして自分を磨いていく「1」の気質を選んで生まれてきたのに、たとえば「2」のような、人をサポートする側にまわるような生き方をしていることが多いのです。

自分の気質とは違う生き方をしていると、頑張っても結果が出なかったり、たとえ傍《はた》からはうまくいっているように見えても、自分では満足できなかったり、ということがあります。人の意見に流されたり、2番手でいることに心地よさを感じてしまったり、積極的に行動しなかったり、というのは、「1」のエネルギーに反することです。

「1」のキーワードには「革新・独創性」というのがありますが、「変えていく」ということに対して強いエネルギーをもっているのです。

でも、「変えていく」のは大変なこと。「人に何か言われたらイヤだな」と思うようなこともあるかもしれません。でも、それは「1」のエネルギーとは違う考え方です。「1」に限らず、自分のもって生まれた数字のキーワードを知り、その意味を解いていくことが大切です。

【マイナス】としてあげているキーワードは、「1」の気質の人が、その気質ゆえに陥りやすい行動です。

リーダーであり、革新することを課題として生まれた「1」だからこそ、そうした立場や状況で、自分を信じられなくなったり、尻込みしたりしてしまう可能性があります。でも、それでは、「1」が発揮されないので、人生はまったく好転しないし、からだにも悪い影響が出てしまうことがあるのです。

【プラス】としてあげているキーワードは、「プラス面」ということではありません。「1」の気質がいきすぎてしまうと、起こしやすい行動です。わがままになったり、独裁的になったりする、ということです。

【マイナス】と【プラス】を知って、そのどちらにもいきすぎないように自分の気質を磨いていくことが大切なのです。

ところで、「1の人」は、「頼りない」と言われることが嫌いです。「1」の人に対しては、その言葉を投げないようにすることが、人間関係を円滑《えんかつ》にするコツです。

アロマオイルでパワーを引き出す

数秘で自分のことがわかったら、その解決策、対応策として私がすすめているのが、エッセンシャルオイル（精油）の活用です。自分の活力を上げ、生命力を引き出し、自分を元気にしてくれるオイルを使って、自分を励ますのです。

「1の人」には、根っこから抽出される「ベチバー」や「ジンジャー」のアロマがオススメです。また、数字のエネルギーが過剰になったときには、沈静しなければなりません。「1」のカラーはレッドですが、その補色であるグリーンのエッセンシャルオイルで癒やしたり、沈静したりすることができます。

【カラー】の色を使うことにより、【数の本質】にあげたようなエネルギーが活性化しますが、人間は感情の生き物ですから、それが【プラス】になったり、【マイナス】になったりします。そのときにエッセンシャルオイルの効果を利用します。

「1」の人は、リーダーとして自立するタイプですが、それは周りの支えがあってこそのものです。つまり調和が大切ですから、【プラス】に傾いた感情は沈静すること。リラックスを促《うなが》すアロマを使っていきましょう。

●●●……「1」の人へ、エッセンシャルオイルからのメッセージ

・現実とつながる
・過去や未来に意識を向けすぎない
・考えすぎない

・今ここに生きるエネルギー
・意識をクリアし活力を与える
・地に足をつける

〔オススメ！エッセンシャルオイル〕	〔科名〕	〔抽出部位〕	〔抽出方法〕
・ベチバー Vetiver	イネ科	根	水蒸気蒸留法
・ジンジャー Ginger	ショウガ科	根	水蒸気蒸留法
・パチョリ Patchouli	シソ科	葉	水蒸気蒸留法
・ミルラ Myrrh	カンラン科	樹皮	水蒸気蒸留法
・クローブ Clove	フトモモ科	花蕾	水蒸気蒸留法
・ブラックペッパー Black pepper	コショウ科	果実	水蒸気蒸留法
・シダーウッド Cedar wood	マツ科	木部	水蒸気蒸留法
・アーボビデ Arborvitae	ヒノキ科	樹木	水蒸気蒸留法

2の数──女性性が強く、他人を輝かせる

＊協調性のある優しい人です。受容的で、女性的な聞き上手。友好的で、人と人を結んでいく役割もあるので、サポート上手なのはよいのですが、人の気持ちに敏感で、流されやすい面や、感情的になりやすい傾向があります。自分の直感を信じることが大切。

◉数の本質（純粋なエネルギー）

陰・女性的エネルギー／受容性／協調／相対・適応／内面のバランス／繊細

◉特徴

自分の価値に合わないものを許し、受け容れる寛大さと、自分を愛する大切さにハートを開いていくエネルギー。

◉象徴　「共感」「優美さ」「鏡」「内なる知性」「コーディネート」

◉カラー　オレンジ

◉マイナス

鈍感、反依存的、反発・反抗、偏屈・愚痴、無神経・感じない、非協力的、敵対意識、短気、気分屋、つき合いにくい、一方に偏る、小心、心を閉じている、我慢できない、正直すぎ、惰性《だせい》、人間嫌い

◉プラス

過敏、依存的、無気力・無力感、感情的、神経過敏、いつも忙しい、おせっかい、敏感すぎ、不注意、八方美人、優柔不断、想像しすぎ・空想癖《くうそうへき》、感じすぎ、考えすぎ、お人好し、従順・流される、相手本位

●●●………「2」のあなたへ

「2」の人というのは、女性性のエネルギーで、何事にも受容的です。

「1」の人が自分を前に出していくのに対して、「2」の人は、そうした人なり組織なりを

支えて、輝かせていく気質です。

それが【プラス】に偏ると、相手に合わせすぎるあまり、自分というものがなくなってしまいます。ヤジロベエのように、あっちにフラフラ、こっちにフラフラしてしまい、自分はもともとどうしたかったのかもわからなくなって、「自分迷子」になりやすいのです。

感情や喜びを司る「第2のチャクラ」のエネルギーをもっているので、きれいになること、女性として幸せになることが、「2」の人の目的になります。

どの数字よりも、「美しくあること」にこだわりをもっています。

また「好き」という感情、自分の感性をとても大切にする人でもあります。

いまの時代は女性にも、さまざまな生き方があります。

結婚して子どもを生むことだけが、女性の生き方ではないなど、ここに書くまでもないことでしょう。だからといって、それも幸せの一つのかたちであるということも否定できません。女性として「2」を選んで生まれてきた、ということを前提にするなら、まずはそのことを認めることです。

「2」の数字をもちながら、「結婚なんかしない」「恋愛なんて興味がない」などと言ってしまうのは、危険です。

もちろん、結婚しなければ幸せになれないということではありません。どんなことでも、選択肢は、一つしかないということはないのです。ただ、結婚したり、恋愛をしたりは、一人ではできません。「2」の人は、誰かといることで、より輝く存在になれるのです。

ですから、「結婚」のかたちにこだわる必要はありません。誰かとパートナーシップを組むことがよい、ということの一つの例が「結婚」なのです。

たとえば、結婚で夫を支えるのではなく、秘書としてボスを支えたり、もしくは、会社などの組織を支える仕事やポジションについたりして、その力を発揮する人もいます。

「2」の人は人に好かれます。誰に対しても、とてもフレンドリーなエネルギーをもっています。それが過剰になると、親しすぎるあまりわがままな面が出てしまったり、八方美人に思われて「信用できないよね」と言われたりすることもあります。

「1」でも説明したように、【マイナス】【プラス】は、マイナス面とプラス面ではありません。気質としてもっているエネルギーが、足りなくても、過剰でもうまくいかないということです。【マイナス】にいきすぎれば、鈍感になったり、反抗的になったり、「人とつき合うのは苦手」というような意識をもってしまいます。

ところで、「2」の人は、女性を対象にする仕事に向いているということもあります。職場でも、女性が多いところのほうが安心できるかもしれません。

そうした自分の気質を知ることで、いまの仕事や働き方、生き方など、これからどの道に進めばよいのかの答えが見つかりやすくなるのではないでしょうか。

「2」の人は、「役に立たない」という言葉が嫌いです。そう思われていると想像しただけで、やる気が失《う》せてしまうほどです。「2」の人に、この言葉は禁句です。

アロマオイルでパワーを引き出す

「2」の人には、免疫力を上げる「オレンジ」や女性性を高める「イランイラン」のアロマがオススメです。エネルギーが過剰なときは、リラックスできる香りを選びましょう。

「2」のカラーはオレンジですが、その色に対応するエッセンシャルオイルは、次ページのオススメ以外にも、コリアンダー、シダーウッド、シナモン、ジンジャー、フェンネルなどがあります。

いずれも、心やからだのバランスを整え、活力を与えてくれるものです。

とくに疲れたとき、免疫力が下がっているときには、女性であれば、「2」の数字をもっていなくても、オレンジのアロマが効果的です。オレンジには鎮静作用があり、不安や心配、わだかまりを消して、あなた自身を優しく癒やしてくれるでしょう。

●●●………「2」の人へ、エッセンシャルオイルからのメッセージ

・楽しい　・楽観主義　・順応性
・自分の評価を高める　・リラックスと癒やし　・至福感
・目覚め（女性的な、官能的な）　・からだと感情のバランスをとる

[オススメ！エッセンシャルオイル]	[科名]	[抽出部位]	[抽出方法]
・サンダルウッド Sandal wood	ビャクダン科	木部	水蒸気蒸留法
・レモングラス Lemongrass	イネ科	葉、茎	水蒸気蒸留法
・オレンジ Orange	ミカン科	果皮	圧搾法
・イランイラン Ylang ylang	バンレイシ科	花	水蒸気蒸留法

3の数——強い意思でやり遂げる

＊独創性、創造性が豊かで、無邪気でアイデアが次々と湧き、ピュアで、若々しさを失わないかわいらしい人です。感受性が強く、感情の起伏《きふく》が激しい傾向と子どもの感性をもつので、やや飽きっぽいところも。ポジティブで、遊び心があり、オープンハートの持ち主です。

◉**数の本質（純粋なエネルギー）**

発展／自己表現／創造性・ユーモア／純粋／社交性／コミュニケーション

◉**特徴**

インスピレーションを信じて、恐れを乗り越え、自分を表現することで、喜び・楽しさ・

希望を与えるエネルギー。

◉象徴　「チャンス」「天真爛漫《てんしんらんまん》」「流れ」「人気者」「エンターティナー」

◉カラー　イエロー

◉マイナス

悲観、悲観的、ネガティブすぎ、落ち込み・熱意に欠ける、非創造的・表現が乏しい、深刻、地味、ふて腐れ・しらける、気難しい、非社交的、退屈、無配慮・想像力に欠ける、現実否定、混乱、破壊的

◉プラス

楽観、楽観的、ポジティブすぎ、騒々しい・ハイテンション、過剰表現、皮相的、自己誇示《こじ》、虚栄心・大袈裟《おおげさ》、馴《な》れ馴れしい、承認されたい、エネルギーの浪費、想像しすぎ、快楽主義、イメージ重視

●●●………「3」のあなたへ

「3」の人というのは、天真爛漫で、どこにいっても人気者になれる人です。自己表現が

上手で、ユーモアにあふれています。

自分を表現することで、人に喜びを与えるという気質をもっています。

ですから、人のために何かをするということが嫌いではありません。ボランティアに興味をもったり、実際にそれに打ち込んでいたりという人もいるかもしれません。

ただ、ボランティアは、もちろん悪いことではありませんが、「3」の人が、まだ自分が確立していないのに周りの人を助けるというのは、少し残念なのです。

「3」の人にとって優先すべきことは、まずは自分を生きることです。

自分に思いを向けて、自分がしたいことをすることが、「3」のエネルギーを生きることになります。

「3」のエネルギーは、「発展」「自己表現」「創造性・ユーモア」「純粋」「社交性」「コミュニケーション」です。これが働きすぎれば【プラス】の、反対に働きすぎれば【マイナス】の行動を起こすことになります。

たとえば、「純粋」のエネルギーは、自己中心的になったり、現実否定の行動に走ったり、ということがあります。

もしも自分でも、【プラス】【マイナス】の気質、行動に心あたりがあるなら、それは、エネルギーの使い方を間違っている可能性があります。

また、「3」の人はプライドが高く、人に信用されるとやる気が湧いてくるタイプです。

逆に言えば、「信用されていない」と思うと、とても傷つきます。人から、「あの人、自分がないよね」などと言われたら、それこそ屈辱的な気持ちになります。

「3」は、みぞおちの部分になる第3チャクラに対応して、基本的に自分を高めていくことが好きなのです。

だから、「自分のことがわからない」という「3」の人は、悲観的になりやすく、そうなると、何もかもがイヤになって、突然に仕事をやめてしまったりします。

「3」の人は、もともと楽しいことが好きで、いくつになっても少年少女の心をもっています。その意味で、無邪気で純粋な面があると言ってよいのですが、それが時に、子どもっぽい行動を引き起こします。

楽しいことは喜んでやりますが、楽しくないことは、すぐに手放してしまうのです。

本来は、社交性のある「3」ですが、「楽しくない」となると、それに関わる人の悪口を言ってしまったりします。

自分に向けて反省すべきところを、人のせいにしてしまうのです。それでは、「人気者」の気質は生かされず、逆に人は離れていくばかりでしょう。

楽しいとか楽しくないではなく、成長するために挑戦すべきことはする。それが「3」の人に与えられたテーマです。

●●●………アロマオイルでパワーを引き出す

太陽神経叢《そう》（みぞおち部分）にある第3チャクラと対応する「3」の人には、安心感を与える「サイプレス」や活力と浄化を促す「レモン」のアロマがオススメです。

自尊心を傷つけられたとき、自信を失ったときには、太陽の光を浴びて、チャクラを浄化させ、ゆったりとして気持ちを取りもどしましょう。

「3」のカラーはイエローですが、その色に対応するエッセンシャルオイルは、オススメ以外にも、ジュニパー、ペパーミント、グレープフルーツなどがあります。いずれも浄化作用があり、あなたをリフレッシュしてくれるものです。

「3」の人へ、エッセンシャルオイルからのメッセージ

・自己表現　・優先順位を明確に　・シンプルに物事を考える
・認める　・感情の解き放ち　・人生の転機を支える
・原点に立ち戻る　・こころを浄化し、強い意思を与える

［オススメ！エッセンシャルオイル］	［科名］	［抽出部位］	［抽出方法］
・ユーカリ Eucalyptus	フトモモ科	葉	水蒸気蒸留法
・カシア Cinnamon cassia	クスノキ科	葉、枝	水蒸気蒸留法
・サイプレス Cypress	ヒノキ科	葉、枝	水蒸気蒸留法
・レモン Lemon	ミカン科	果皮	圧搾法
・ヘリクリサム Helichrysum	キク科	花	水蒸気蒸留法

4の数――着実に成果を積み上げて成功する

＊生真面目《きまじめ》で、努力家、よく働き、目標を現実にしていく頑張り屋さん。マイペースで一つひとつ進んでいき、社会に貢献することを仕事にできる人です。気配り上手な分、ワーカーホリックになりやすいので、休息、休養も大切にすること。

◉数の本質（純粋なエネルギー）

安定／基盤／現実性／信頼・堅実／忍耐・努力／地に足をつける

◉特徴

この世界のすべてを信頼し、現実とつながり、強い意思をもって自分の存在感を高めるエネルギー。

◉象徴　「実直」「緻密《ちみつ》」「形」「マイペース」「退屈」

◉カラー　グリーン

◉マイナス

薄弱、非現実的、現実離れ、無頓着、取りとめがない、夢想的・夢のなかを生きる、漠然とした不安感、無謀、いい加減、非建設的、惰性、不誠実・自堕落《じだらく》、スペースアウト、向こう見ず、散漫、視野が狭い

◉プラス

強情、現実的すぎ、融通《ゆうずう》が利かない、小さなことにこだわる、頑固・強情張《ごうじょうっぱ》り、独裁的、不安・陰気、打算的、制限をかける、形式主義、やりすぎ、不信感、仕事中毒、堅苦しい、世間知らず、固定させる

●●●………「4」のあなたへ

「4」の人というのは、着実に一つひとつ結果を出して、より高みへ上がっていく人です。そのためにも必要不可欠なのが、「目標」を決めることです。

この気質をもっている人は、マイペースです。ですから、焦《あせ》らない。何事にも焦らず、自分のペースでコツコツと取り組むことができます。

そうした努力を積めること自体は素晴らしい気質だと言えますが、コツコツ取り組むことだけにとらわれて、何も変わらないまま一年が過ぎていた、ということにもなりかねません。それでは、いつまでたっても人生は開いていかないでしょう。

ですから、目標をもつことが大切なのです。

「自分が成し遂げたいことは何か」

「いつまでに成し遂げたいのか」

それを自分に確認することです。

「4」のエネルギーは、「安定」「堅実」「努力」です。

その【マイナス】は「いい加減」「非建設的」「不誠実・自堕落」、【プラス】になると「融通が利かない」「形式主義」になりがちです。

堅実に努力することが与えられたテーマなのに、一攫千金《いっかくせんきん》を狙うような仕事や行動を選択したら、うまくいくわけがありません。

いい意味で「汗水垂《た》らして働くこと」が、大きなお金につながっていくのが、「4」の人の気質なのです。

具体的には、現実的で、信頼されることが何よりも重要視される公務員や銀行員のような職業が向いていています。

自分にとっても、そうした仕事、環境がしっくり来るということもあって、自分らしさを発揮することができるわけです。

アロマオイルでパワーを引き出す

心臓（ハート）にある第4チャクラと対応する「4」の人には、緊張をほぐす「ゼラニウム」や「ベルガモット」のアロマがオススメです。

不安を取りのぞき、ストレスを緩和《かんわ》させて、ザワザワする気持ちを落ち着かせましょう。

「4」のカラーはグリーンで、これは癒やすエネルギーになります。現実的に努力していかなければならない数なので、生命的なオイルを使うことでエネルギーを補い、自分の背中を押すようにすることが大切です。グリーンに対応するエッセンシャルオイルは、オススメ以外にも、ローズ、マジョラムなどがあります。いずれも感情のバランスをとって、あなたの気持ちを晴れやかにさせるものです。

「4」の人へ、エッセンシャルオイルからのメッセージ

・受容　・安心　・親密さ
・フローラル　・感情の不安を解消　・リラックス
・楽しみを感じる　・素直に優しく　・ハートチャクラを活性
・具体的に行動　・積み重ねの喜び

[オススメ！エッセンシャルオイル]	[科名]	[抽出部位]	[抽出方法]
・メリッサ Melissa	シソ科	花、葉	水蒸気蒸留法
・クラリセージ Clary sage	シソ科	花、葉	水蒸気蒸留法
・ウインターグリーン Wintergreen	ツツジ科	葉	水蒸気蒸留法
・ゼラニウム Geranium	フウロソウ科	葉・花	水蒸気蒸留法
・ベルガモット Bergamot	ミカン科	果皮	圧搾法

5の数――とにかく自由に挑戦あるのみ

＊好奇心旺盛で、自由人。情報に敏感で、フットワークが軽い人です。多方面に才能をもち、新しいものに目がなく、新情報をキャッチする速さは誰にも負けません。目の前のチャンスをつかめる人。ドキドキ、ワクワクなことやものにモチベーションが上がります。

◉数の本質（純粋なエネルギー）

変化・自由／冒険／自発性／進歩・超越／知性／瞬間に生きる

◉特徴

その瞬間のトキメキを勇気をもって体験することで、自由と未知なる真実を発見するエネルギー。

◉象徴　「多才」「伝達者」「雄弁」「無邪気」「五感」

◉カラー　スカイブルー

◉マイナス

分裂、過去志向、恐れ、冒険心や好奇心の欠如《けつじょ》、気が進まない、無活動・停滞、変化を好まない、禁欲的、月並み・平凡、単調、分裂気味、抵抗、退屈、野暮《やぼ》ったい、つき合い下手、うまく話せない、エネルギーの欠如

◉プラス

散漫、未来志向、奔放《ほんぽう》、無謀、放縦《ほうじゅう》、中毒・耽溺《たんでき》、気まぐれ、手当たり次第・狡猾《こうかつ》、滑《こっ》稽《けい》、放浪願望、打算的、快楽主義、落ち着きがない、虚勢、神経質・気苦労が多い、話がくどい、エネルギーの浪費

「5」のあなたへ

「5」の人というのは、とにかく自由な人です。枠にとらわれず、なにか新しい話が来たら、すぐに「え？　なになに？」というように興味をもちます。

「5」の人にとって、枠にはめられることほど苦痛なことはありません。それでも、とくに不満を言うわけではないので、周りの人にはそのつらさがわからないかもしれません。

「5」の人は、自由であることで、自分のエネルギーを発揮できます。

その反対に、枠にはめられたり、自由な発想ができなかったりしたときには、まだ自分の本当の人生ではないのです。

「5」の人は子どものときから何にでも興味津々《しんしん》で、じっとしていることがありません。親から、「おとなしくしていなさい」とよく注意されていたという人も多いでしょう。

でも、「5」の人がおとなしくすることは、大人になっても難しいかもしれません。

「5」の人は、知性があります。いろいろなことを見て学び、感じることで初めて生きていると実感できるのです。

「5」の人にとって、ワクワクしていることは、とても重要です。

新しい情報を得ることも得意なので、自らビジネスを始めるのにも向いています。

逆に、「5」の人が絶対にしてはいけないのは、閉じこもってしまうことです。

始めたことを終わりにしないこと。たとえば「これで終了」となることでも、そこで終わりにせず、「またその次」につなげていくことです。

「5」の人には、常に新しいことにチャレンジしていくことが大事なのです。

「5」の【マイナス】は、「冒険心や好奇心の欠如」「停滞」「退屈」です。【プラス】は、「気まぐれ」「落ち着きがない」「エネルギーの浪費」です。せっかく新しい情報を聞いても、何の興味ももてないというのでは、「5」のエネルギーに反してしまいます。

また情報が入りにくい環境というのも、物足りない、寂しい人生になります。

「5」の人にとって、「つまらない」というのは禁句です。

いろいろなところに思いを馳《は》せながら、自分で楽しみを見つけていくこと。それが「5の人」に与えられた人生のテーマだと言えるでしょう。

●●●……アロマオイルでパワーを引き出す

喉にある第5チャクラと対応する「5の人」には、怒りを消して心を穏やかにする「ローマンカモミール」や精神力を高める「ペパーミント」のアロマがオススメです。

滞りやすいチャクラを開いて、喉の奥にストレスをため込まないようにしましょう。

「5」のカラーはスカイブルーですが、その色に対応するエッセンシャルオイルは、オススメ以外にも、ローズマリー、ユーカリなどがあります。いずれも筋肉の緊張をほぐして、あなたを覚醒させるものです。

「5」の人へ、エッセンシャルオイルからのメッセージ

・力を抜く　・寛容　・鎮静
・緊張を癒やす　・優しく包み込むエネルギー　・受けとる勇気
・気の循環　・感情の許容量　・ひらめき
・創造性を高める　・具体的なビジョン　・直感&洞察を活性

［オススメ！エッセンシャルオイル］	［科名］	［抽出部位］	［抽出方法］
・ローマンカモミール Roman chamomile	キク科	花	水蒸気蒸留法
・ペパーミント Peppermint	シソ科	葉	水蒸気蒸留法
・ティートリー Tea tree	フトモモ科	葉	水蒸気蒸留法
・コリアンダー Coriander	セリ科	完熟果実	水蒸気蒸留法

6の数――献身的に愛に生きる

＊愛情豊かで、美的センスに恵まれたロマンティスト。責任感も強く、他者を優先し、母性的な愛を注ぎます。芸術的な才能を発揮したり、人を育てる講師業に就く人が多い。自然とスピリチュアル系なことに関心をもつ傾向があり、ライトワーカー（光の仕事人）としてのエネルギーをもっています。

◉数の本質（純粋なエネルギー）

無条件の愛／奉仕・献身／責任／ハートの真実／美と調和

◉特徴

自己犠牲からの愛や奉仕ではなく、無条件に自分の内なる真実を生きることで、この世界に愛と美と調和をもたらすエネルギー。

◉**象徴**　「愛」「結婚」「母性愛」「芸術性」「完璧主義」

◉**カラー**　ピンク

◉**マイナス**

罪悪感、自己犠牲、妥協しすぎ、罪の意識・自責の念、心配性、警戒心、惰情・信念がない、不道徳、不和、不満、無関心、責任放棄《ほうき》、配慮がない、殉教者的、人間嫌い

◉**プラス**

独善、過剰な期待、義務感、責任感をもちすぎる、過保護、忠誠心、強情・わがまま、道徳的、独占欲、嫉妬心、口うるさい、妥協しない、批判的、独善的、気遣いしすぎ

●●●………「6」のあなたへ

「6」の人というのは、愛がテーマです。

愛は、自分が正しいと思った瞬間に崩れます。人間には、いろんな感情があるし、自分の思いや自我というものがあるので、何かあったときに、「自分が正しい」となると、人を

攻撃してしまったり、ふと、自分がいま所属しているところに、なにかの拍子に愛が感じられないと思うと、ポンッとやめてしまったりします。でも、そのことを、あとで100パーセント後悔するのも「6」の気質です。

「無条件の愛」「奉仕・献身」がエネルギーになる「6」は、それだけに、つらさを感じやすいところがあります。

だからこそ、感情では動かないこと。感情で動くと、「6」は【マイナス】が出やすいので注意しましょう。

「愛」という感情がエネルギーになるのに、その感情を自分に向けて、自分中心になりやすいのです。

たとえば、人に言われたことを、「どうして、あんなことを言ったんだろう」と、相手に思いを向けている場合にはいいのですが、「自分が攻撃された」というように、自分に向けてしまうと、【マイナス】の「責任放棄」「無関心」に陥《おちい》ります。

「6」の人は真面目で、「白黒はっきりつけたい」という面があります。

愛で貫いていく分、それが裏目に出てくると、どうしても人を攻撃したくなってしまうのです。

エネルギーがうまくまわっているときには、たとえ何かあっても、人のせいにしたりせず、「自分が何か足りなかったのかな」「言葉が足りなかったのかな」というように、自分を省《かえり》みて、成長することができます。

「6」の人のよくないところは、相手のことを思うあまりに、たとえ困っていることがあっても、それを伝えることを我慢してしまうところです。

本当は傷ついていることがあっても、そのままにして、自滅してしまうのです。

人の発する「言葉」に対して敏感なのも、「6」の人の特徴です。

「6」の人は、愛すべき対象があることで幸せを感じます。

その対象は「仕事」の場合もありますが、象徴として「結婚」「母性愛」がある「6」の人には、結婚することで学んでいくというテーマがあります。

晩婚化、非婚化が進んでいますが、「6」の数字をもっていながら、「私は一生独身でいることに決めました」というのは、エネルギーに反するということを覚えておきましょう。

アロマオイルでパワーを引き出す

第3の目といわれる眉間にある第6チャクラと対応する「6」の人には、怒りを抑えて気持ちをラクにする「ローズマリー」や「クラリセージ」のアロマがオススメです。

心が傷ついたときには、花のエッセンシャルオイルで優しい心を思い出しましょう。優しい心を思い出したら、「6」の愛が戻ってきます。

「6」のカラーはピンクですが、その色に対応するエッセンシャルオイルは、オススメ以外にも、ペパーミント、ヘリクリサム、イランイランなどがあります。いずれも筋肉の緊張をほぐして、あなたを覚醒してくれるものです。

「6」の人へ、エッセンシャルオイルからのメッセージ

- 自信と意欲
- 自己評価
- インスピレーション
- 明るい方向に進む
- 自尊心
- クリアなビジョン
- 元気回復（明晰《めいせき》さを回復）
- 軽やかさ
- 進む道をサポート
- ストレスからの解放

〔オススメ！エッセンシャルオイル〕	〔科名〕	〔抽出部位〕	〔抽出方法〕
・ローズマリー Rosemary	シソ科	葉・花穂	水蒸気蒸留法
・クラリセージ Clary sage	シソ科	花	水蒸気蒸留法
・ローズ Rose	バラ科	花	水蒸気蒸留法
・マジョラム Marjoram	シソ科	葉	水蒸気蒸留法
・スパイクナード Spikenard	オミナエシ科	茎、根	水蒸気蒸留法

7の数――

一人でとことん突きつめていく

＊探究心が旺盛で、洞察力に優れた個性的な人。一人の時間がとても大切で、独自の世界観をもっています。他人に頼ることなく、自分のペースで、一つのことを探求しながら進む傾向。趣味と実益を兼ねることに、喜びを見出せる人。精神性を重視します。

◉数の本質（純粋なエネルギー）

神秘／知識・英知／内側の探究／洞察・研究／孤独／変革

◉特徴

周りと同じであることよりも、自らの個性と探究心を尊重し、物事の奥にある真理を解き明かすエネルギー。

◉象徴　「真理」「精神」「神聖さ」「個人主義」「スピリチュアリティー」

◉カラー　バイオレット

◉マイナス

懐疑《かいぎ》、自分の意見がない、愚か・無知すぎ、分析しない、無関心、消極的、悲観的・被害者意識、疑心暗鬼《ぎしんあんき》、感情的、無分別、威厳がない・粗野、いい加減・怠惰《たいだ》、外交的逃避、中毒

◉プラス

冷酷、知識や自説に固執《こしゅう》、知的すぎ、分析しすぎ、批判的・辛辣《しんらつ》、完璧主義、深刻・孤立、神経過敏・攻撃的、秘密主義、上品ぶる、世捨て人、内向的逃避、変わり者

●●●……「7」のあなたへ

「7」の人というのは、古きものを大事にする傾向があります。

学ぶことに喜びを感じる「7」は、現代のことにはそれほど関心を示しませんが、古代の歴史や英知などと聞くと、とたんに目が輝きます。

そして、いったん興味をもったことには、とことんこだわります。マニアックなまでに突きつめてしまうところがあるほどです。

「7」の【マイナス】は「自分の意見がない」「分析しない」「感情的」になります。【プラス】は、「知識や自説に固執」「批判的・辛辣」「内向的逃避」になります。

「こだわりがある」のが気質ですから、たとえば何かを購入するときにも、「安いからいいか」というだけで、それを選ぶことはありません。

「7」の人は、「安い」「高い」ではなく、「自分にとってどれがいいかな」と考えます。「まぁいいか」とは思えない。それが「7」のこだわりです。

ですから、たとえば、誰かから「これは自分が使ってよかったから、あなたも使うといいですよ」と言われても、それを鵜呑《うの》みにすることはありません。

本当によいものであるかどうかを、自分で調べてみたくなるのが、この数字の気質です。

「○○さんにはいいかもしれないけど、私に合うかな」と思うのです。

これが、たとえば「2」の人なら、人に言われたことは、自分のために言ってくれたことと考えて、その通りに試してみます。

ところで「7」には「孤独」というキーワードがありますが、引きこもって、自分の研究をしたい、知識を深めたいという欲求があります。できれば、人には会いたくないという気持ちもあります。組織をつくるようなことも、得意ではありません。

けれども、現代では、引きこもりたいと思っても、それができる人は少ないでしょう。

だから、「7」の人でも多くの人たちのなかで生活しますが、一人の時間ももつようにしましょう。そうしないと、くたびれすぎて、精神的につらくなってしまうのです。

「変革」のキーワードから、戦略を考えることも嫌いではありません。ビジネスを始めたりするときには、それが喜びとなって積極的に考えていきます。

●●●……アロマオイルでパワーを引き出す

頭頂部にある第7チャクラ（クラウンチャクラ）と対応する「7」の人には、イライラした気持ちを癒やす「ラベンダー」や「フランキンセンス」のアロマがオススメです。

なりたい自分を思い描いて、真の幸せを引き寄せましょう。

「7」のカラーはバイオレットですが、その色に対応するエッセンシャルオイルは、オススメ以外にも、ローズ、ネロリ、ローズウッドなどがあります。いずれも感情のバランスをとって、幸福感を与えてくれるものです。

「7」の人へ、エッセンシャルオイルからのメッセージ

・精神の緊張を和らげる　・落ち着き　・自らを保護
・気持ちを整える　・気の流れをスムースに　・考えすぎ
・悩みがち　・心が落ち着く　・精神の解放
・トラウマの解消　・気持ちの軌道修正

〔オススメ！エッセンシャルオイル〕	〔科名〕	〔抽出部位〕	〔抽出方法〕
・ラベンダー Lavender	シソ科	花・葉	水蒸気蒸留法
・フランキンセンス Frankincense	カンラン科	樹皮	水蒸気蒸留法
・バーチ Birch	カバノキ科	芽、樹皮	水蒸気蒸留法
・シダーウッド Cedar wood	マツ科	木部	水蒸気蒸留法
・ライム Lime	ミカン科	果皮	圧搾法、水蒸気蒸留法

8の数——
パワフルに、エネルギーを還元する

＊高い統率力と組織力を兼ね備え、目標を決めたらまっしぐら。やや不器用なところもありますが、努力を続けて物事を成し遂げる、実行力のある人。でも時に、やりすぎることもあるので注意しましょう。周りが豊かになることを考えながら進めれば、自然と人脈が広がり、成功、自分自身の豊かさを手にできます。

◉数の本質（純粋なエネルギー）
成功／達成・実現力／無限のパワー／組織力・社会／支配・権力／秩序

◉特徴
内なる欲求に情熱を注ぐことで無限の可能性の扉が開き、豊かさが循環するエネルギー。

◉**象徴**　「活力」「目標」「均衡」「メビウスの輪」「公正」

◉**カラー**　マゼンタ・ゴールド

◉**マイナス**

犠牲、犠牲的、弱者、無力感、ケチ・貧乏性、欲望や願望を否定、無関心、卑屈《ひくつ》・負け犬、志の欠如、非効率的、媚《こ》び諂《へつら》う、不平不満、煮え切らない・優柔不断、無能、成功への恐れ

◉**プラス**

傲慢《ごうまん》、支配的、好戦的、野心的、短気・貪欲《どんよく》、物質万能主義、無情、辛辣・相手を見下す、過度の目的志向、能率主義、物事を操る、無遠慮、熱狂的・性急、見栄っ張り、失敗への怖れ

●●●……「8」のあなたへ

「8」の人というのは、豊かさを引き寄せ、無限のパワーをもって成功していく人です。

「8」の数字は、経済を司り、否応《いやおう》なく、お金に関わっていきます。

ですから、「8」の人が絶対に口に出してはいけないのが、「お金なんか」という言葉です。

「お金なんか」と言ってしまったら、もう貧乏にしかなりません。

どんどん豊かになって周りに還元していく、という思いをもつと、「8」の人は「自分が自分らしく生きている」というふうに実感できるのです。

また、組織をつくっていくことも、自分のエネルギーを生きることになります。

たとえば、アロマの先生になったとしたら、「自分のなかで感じたいいものを、多くの人の役に立てよう」「自分が得たものを周りに返していこう」というふうに考えるのが、「8の人」です。

ところが、「得たものは自分だけのものにしよう」と考えてしまうと、エネルギーが崩れて、心やからだの疾患となって出やすい傾向があります。

「8」という数字は、もともとエネルギーのある数字なので、アクティブに、外に出していくことがとても大事です。

たとえば組織、会社を起こすというときには、「1」と少し似ているのですが、パワーやエネルギーだけで進めるのではなく、周りの人と会話することや、頭を使うことも重要です。行き当たりばったりの「8」は、成功しないのです。

ただし、だからといって戦略を練《ね》ることにエネルギーを注《そそ》ぎすぎてしまうと、次の行動に出ないで終わってしまうことがあります。

「8」の人は、エネルギーの分配のしかたを知ることです。

そして、お金や経済のことに対して、無頓着《むとんちゃく》になってはいけません。

「世の中の人のためになるなら自分は貧しくてもいい」「周りが喜んでくれるならそれでいい」ということは、「8」の人は絶対に思ってはいけないことなのです。

豊かさを生み出していく、そのためにできることをやっていく、というのが、「8」の人のエネルギーです。

いちばん残念なのは、「8」の数字をもっているにもかかわらず、稼ぐということに対して、罪悪感をもってしまうことです。

「お金＝あまりよくないもの」と思っている「8」の人は、人生が貧しく、寂しいものになってしまいます。

自分が生み出したものを周りに還元する。その与えられたエネルギーを生きれば、お金につながらざるを得ない人生が待っています。

●●●……アロマオイルでパワーを引き出す

主要なチャクラは第7チャクラまでとされていますが、ここでは首の後ろ、後頭部の下、頭がい骨の基底にあるチャクラを第8のチャクラとしています。それに対応する「8」の人には、活力に作用する「ジンジャー」や心を明るくする「グレープフルーツ」のアロマがオススメです。

第8のチャクラは、宇宙のエネルギーを取り込み、からだ全体に運んでいきます。そこを活性化させることで、あなた自身の輝きを取りもどしましょう。

「8」のカラーはマゼンタまたはゴールドですが、その色に対応するエッセンシャルオイルは、オススメ以外にも、ローズウッド、ベルガモットなどがあります。いずれもエゴを抑えて、魂を落ち着かせてくれるものです。

●●●………「8」の人へ、エッセンシャルオイルからのメッセージ

・心を元気にする　・からだ、精神面に活力を与える　・豊かさへの気づき
・包み込む力　・幸福感　・現実とラクに向き合う
・リフレッシュ　・沈んだ気持ちを整えて光をあてる　・新陳代謝

[オススメ！エッセンシャルオイル]	[科名]	[抽出部位]	[抽出方法]
・ジンジャー Ginger	ショウガ科	根・茎	水蒸気蒸留法
・グレープフルーツ Grapefruit	ミカン科	果皮	圧搾法
・ネロリ Neroli	ミカン科	花	水蒸気蒸留法
・タンジェリン　Tangerine	ミカン科	果皮	圧搾法
・フェンネル Fennel	セリ科	種子	水蒸気蒸留法
・シナモン Cinnamon	クスノキ科	葉、樹皮	水蒸気蒸留法

9の数——大らかな優しさで人を包み込む

＊穏やかで包容力豊か、どことなく気品を感じさせる存在感のある人です。「1」～「8」のエネルギーを包括しているので、共感能力に長《た》けています。世の中のために役立ちたいとの思いが強く、スケールの大きな精神性の高い人でもあります。

◉数の本質（純粋なエネルギー）

完成／結実と再生／共感／寛容／信頼／手放す・変容

◉特徴

全体のなかの個を意識しながら、ハートを開いて個のエゴを解放し、理想を体現していくエネルギー。

◉象徴　「博愛」「成熟」「理想主義」「統合」「ロマンティスト」

◉カラー　クリア

◉マイナス

貪欲、無感覚、不信感、警戒心・疑い、防衛、偏狭《へんきょう》・頑固にこだわる、恨《うら》む・許さない、我が強い・強情、気分屋、意地悪・冷酷、無頓着、面倒くさがり、感情を表現しない、分離している

◉プラス

無私、感傷的、不安定、情緒的すぎ・広がりすぎ、焦点が定まらない、うぶ、優柔不断、内部分裂・複雑、境界線がない、善意に熱心、犠牲的・気前がいい、人の目を気にする、哀れみをもつ・執着、大袈裟《おおげさ》、芝居がかっている

●●●………「9」のあなたへ

「9」は、「1」から始まる最後の数字で、「マザー・テレサの数字」といわれるように、慈悲、慈愛を表します。

「9」の人というのは、そのためか、子どもでも、どこか大人びたところがあります。

「9」は全部を包み込む数字です。

大きく世の中を見て、「自分には何ができるか」を考えることで幸せを感じるのが、「9の人」です。

また、いちばん大きな数字でもある「9」は、乗り越えることができる数字でもあります。「9」の人の人生には、乗り越える場面に何度か出くわしますが、乗り越えた分だけ、いいこともやってきますし、自分が満たされていきます。

「9」の人の【マイナス】は、「貪欲」「無感覚」「不信感」になります。【プラス】は、「不安定」「善意に熱心」「大袈裟」になります。

エネルギーに「完成」がありますが、一つの完成に満足してしまうと、人としての成長が、そこで止まってしまいます。

いまの環境に満足できるのは素晴らしいことですが、「これで幸せ」と思ってしまっては、「結実と再生」「手放す・変容」のエネルギーを生かせないことになります。

あなたの人生は、困難を乗り越えていくことで、より大きな力を発揮できます。

自分のエゴを解放していきましょう。

理想とされる世界を、現実に体現していくことが、あなたに与えられたテーマであり、それを乗り越えていく力が宿っているはずです。

アロマオイルでパワーを引き出す

第8のチャクラと同様に7つのチャクラと並ぶ重要なチャクラに第9チャクラがあります。足の裏にあるものですが、それに対応する「9の人」には、気力と自信を取りもどす「ミルラ」のアロマがオススメです。

第9のチャクラは、生命力の源のエネルギーを充電するために働いてくれるチャクラであり、精神力や思考力を支える力をもたらしてくれます。

エッセンシャルオイルを使うことで、意識をはっきりさせていきましょう。

「9」のカラーはクリアですが、その色に対応するエッセンシャルオイルは、フランキンセンス、ラベンダーなどがあります。いずれも気持ちを晴れやかにしてくれるものです。

「9」の人へ、エッセンシャルオイルからのメッセージ

・意識をクリアにし活力を与える　・考えすぎない　・地に足をつける
・精神の緊張を和らげる　・落ち着き　・自らを保護
・気持ちを整える　・考えすぎ　・悩みがち
・気の流れをスムースに　・心が落ち着く　・精神の解放
・トラウマの解消　・気持ちの軌道修正

〔オススメ！エッセンシャルオイル〕	〔科名〕	〔抽出部位〕	〔抽出方法〕
・ミルラ Myrrh	カンラン科	樹皮	水蒸気蒸留法
・フランキンセンス Frankincense	カンラン科	樹皮	水蒸気蒸留法
・ラベンダー Lavender	シソ科	花・葉	水蒸気蒸留法
・ジャスミン Jasmine	モクセイ科	花	溶剤抽出法、二酸化炭素蒸留法
・シベリアンファー Siberian fir	マツ科	枝葉	水蒸気蒸留法

高次のエネルギーを引き寄せるマスターナンバー

数秘チャートをつくる際、数を足して1桁にする前の2桁の数がゾロ目（11、22、33）になる場合があります。

この「11」「22」「33」を「マスターナンバー」といいます。

どの数字も、スピリチュアルな、壮大なエネルギーをもっています。

だからこそ、現実世界で結果を出すこと、成功をおさめることが、とても重要です。

どんなにいい数字をもっていても、現実社会で通用しなかったら、「いい数字」とは言えません。

現実社会で通用して初めて、信用され、安心感をもてるのです。そのうえで、数字の特性を発揮することです。

マスターナンバーには、

「その数の影響をさらに強く受ける」

という意味が含まれます。

この数は、エネルギーを正しく理解し、意図して使うことで、より高次のエネルギーを引き寄せることができます。そのパワーがあるとされています。

マスターナンバー「11」「22」「33」を主要ナンバーにもつ人は、エネルギーに対して敏感な感性をもっています。

マスターナンバーは強い数で、「とてもいい数字」ですが、その「いい数字」に喜んでしまうだけでは、そのエネルギーを生きることにはならないのです。

たとえば「11」は、「2」の高次元です。

だから、「11」の前に、まずは「2」のエネルギーを生きていなければ、「11」のエネルギーは貧しいものになってしまいます。

同じように、「22」は「4」の高次元ですが、「22」が強い分、「4」のエネルギーをしっかり生きていないと、「22」は生かされません。

「11」より「22」、「22」より「33」、マスターナンバーは大変になっていきます。

いい数字であればあるほど、それを覚悟して生きなければならないのです。

「マスターナンバーは素晴らしい」で終わらせるのではなく、そんな素晴らしい数字を与えられたことを意識して、そのエネルギーを生きる覚悟が必要です。

マスターナンバーの人は、感性が高い分、ネガティブな感情にも陥りやすい傾向があります。

そういうときにはエッセンシャルオイルを使って、アロマで日々のケアをすることができます。そうして、自分のエネルギーの中心でいることがとても大事なのです。

11（「2」の高い次元）の数――
強い感受性と洞察力に優れている

◉数の本質（純粋なエネルギー）

スピリチュアル／直感／繊細／理想主義・無私／努力／光／鋭い感受性と洞察力／タイミング・スピード

◉中心のエネルギー

鋭い感受性と洞察力を生かして精神性や神秘性を形あるものにし、多くの人々をインスパイヤするエネルギー。

◉カラー　ラベンダー

「11」のあなたへ

神秘性のあるものをリアルなかたちにしていくことができる、スピリチュアルな人です。「11」は「2」の高次元なので、「2」のエネルギーを、まずはしっかり生きることです。どんなにピリピリした雰囲気の場所でも、「11」の人がそこに入っただけで、優しい空気に変えられる力をもっています。

あなたには、「ゆるめる役割」があるのです。緊張やストレス、ギスギスした関係などを、本能と言えるエネルギーで、解きほぐしていけるでしょう。

それは、その場の状況、その場にいる人たちがいま感じていることを、瞬時に把握《はあく》して、共感できる力があるからできることです。

相手の気持ちに寄り添い、相手を輝かせる「2」のエネルギーのなせる業《わざ》です。

誰も知っている人がいないパーティで、「初対面なのに、その人がそばにいるだけで安心できた」と人に思わせてしまうのが、「11」の人の魅力でもあります。

どんな人にも、親友や家族のように接して、相手の心の緊張を解いてあげることができるのです。

そんなあなたが開く集まりは、いつもアットホームで、誰もがその場を楽しむことができます。

けれども、そうした雰囲気が合わない場所もあります。

たとえば、お金や法律を扱うような会社では、「職場に合わない」ということがあるかもしれません。または、「あの人が来ると気が抜ける」というように、受けとられてしまうこともあるでしょう。

どんな性格も、いい面もあれば悪い面もあります。

それは、たいていが裏表の関係になりますが、それと同じで、あなたのエネルギーもまた、どこでも歓迎されるわけではありません。

マスターナンバーの人に多いのが、周りから「浮いてしまう」ということです。

その場その場に合わせて、エネルギーの出し方に強弱をつけることも、とくにマスターナンバーをもつ人にとっては大切です。

22（「4」の高い次元）の数――

理想を現実に変えるパワー

◎数の本質（純粋なエネルギー）

直感のひらめき／現実的な理想／実践力・有能／幸運・成功／ピュアエレガント

◎中心のエネルギー

直感のひらめきで理想を現実に形づくるエネルギー。

◎カラー　コーラル

「22」のあなたへ

「22」の人は、大きな力が借りられる人です。

あなたが何かを始めようとするとき、たとえゼロからのスタートでも、どこからか助けが集まってくるような、そんなエネルギーがあります。

だからといって、何もしないで奇跡が起こるわけではありません。

「22」は「4」の高次元ですから、まずは「4」のエネルギーを生きることが大切です。

「4」の生き方は、目標を定めて、それに向けて自らの汗を流すことです。その生き方に信頼が寄せられ、人が集まり、1人ではとても成し得ないようなことが実現していきます。

努力することを怠《おこた》らなければ、人に堅実な指導ができる人です。

愚直なまでに、コツコツ努力を積み重ねること。目立たない仕事にこそ、あなたを輝かせるエネルギーがあることを忘れないでください。

マスターナンバーをもつあなたには、華やかな雰囲気があります。

人を惹きつける魅力が備わっているのです。

だから何もしなくても、「なんとなく人が集まる」ということがあるかもしれません。

そのことに自信をもつ人もいるでしょう。

でも、そうして集まってくれた人たちと、あなたは何をしてきたでしょうか。

あるいは、いまから何をしていきますか。

あなたの「目標」が定まったとき、あなたの人生が動き始めます。

今生で与えられた使命を果たすスタート地点に、ようやく立つことができるのです。

「マスターナンバー」に流されてはいけません。

目の前の使命を果たしていくことです。

時に、その状況は厳しく、他の人には堅苦しく思えるような環境かもしれませんが、「22」をマスターナンバーにもつあなたには、そのほうが居心地がいいということもあります。そうして努力を重ねていくことで、この社会に貢献することができるでしょう。

33（「6」の高い次元）の数――

地上に普遍的な愛を体現する

◉数の本質（純粋なエネルギー）

宇宙的な愛／ソウルヒーリング／スピリチュアルリーダー／個性的／普遍性

◉中心のエネルギー

魂の求めるままに愛と美を表現することで、地上に普遍的な愛を体現する奉仕のエネルギー。

◉カラー　ロイヤルブルー

「33」のあなたへ

「33」は、「6」の高次元で、数秘では最高とも言える数字です。

この数字をもっている人は、ただそれだけで特別な感じがします。

たしかに、その通りなのですが、だからこそ、まずは「6」のエネルギーを生きる必要があります。

「6」のテーマは、愛です。

あなたに与えられた使命は、愛することです。

「それなら簡単」と、あなたは言うでしょうか。

自分にとって都合のいいものを愛するだけでは、愛を生きているとは言えません。

愛することがテーマの人生は、ある意味で過酷です。本気で、それを貫こうとすれば、試練の連続と思えるかもしれません。

ところが、自分がマスターナンバーだということがわかると、もうそれだけで満足してしまう人が少なくありません。「マスターナンバー」に甘えてしまうのです。それこそが、この数の怖いところです。

数秘の本には、たとえば「33」であれば、「この世に選ばれて生まれてきた人です」というようなことが書かれています。そうすると、本人もその気になって、努力することをしなくなってしまうのです。

「33」の人は、特別な数字だからこそ、それだけ人よりも努力しなければなりません。

実際に、試されることが多い数字です。

自分のことを「特別な存在」だと思うと、人の意見を聞かないようになります。

そうなると人は離れて、一人ぼっちになってしまいます。

「33」は「6」ですから、愛されることで幸せを感じるのです。それが一人ぼっちでは、特別な存在どころか、誰よりも寂しい人生を送ることになるわけです。

「33」の人は、愛がテーマです。

だから厳しいのです。学びがいっぱいあります。

それこそ、降って湧いたように、あらゆる試練があなたに起こります。

あなたは、それを乗り越えていくしかありません。そのように生きることを、あなた自身が選んで生まれてきたのです。それだけのパワーをもっている人です。

そのパワーに驕《おご》ることなく、自分のエネルギーを生きることです。

おわりに――
幸せの花を咲かせる方法は、
自分を大切にすることだった

私の経験をもとにした、人生が開運する数秘の活用法についてのお話をしてきました。

自分を生かしていくには、まず、自分のことを知ることです。

あなたが望む人生を幸せに過ごすには、心身ともに健康であるための知識を身につけ、そのために努力することを忘れないでください。

心とからだは、つながっています。


私にとって、数秘との出会いは衝撃でした。

「自らが、人生の青写真を決めて生まれてきたなんて‼」

でも、それがわかり、自分の数字を理解し、紐解《ひもと》いていくにつれ、いつも感じていた自分の「なぜ……」が、面白いくらいに解決していきました。

「自分らしく生きる」という、本当の意味や魂が喜ぶ生き方を知り、日々、「生まれてきてよかった」と、感謝があふれ出す人生を歩んでいます。

きっかけさえあれば、人は変われます。

そのきっかけが、私には数秘でした。

自分のことがわかれば、「努力すること」の意味がわかります。奇跡や魔法ではない「現実を生きること」で、自分の望む結果を生み出すことができます。

ちゃんと暮らすこと。
ちゃんと食べること。
ちゃんと働くこと。
ちゃんと休むこと。

そんな「基本」を生きることで、幸せは案外、ストンとやってきます。

「幸せになりたい」「開運したい」「お金持ちになりたい」という人は多いです。

でも、そのためには、生きるための教養を身につけることが大切だと思うのです。

「教養を身につけるなんて、難しそう」

あなたは、そんなふうに思うでしょうか。

でも、教養を身につけることって、そんなに難しいものではないと思うのです。

「教養」とは、「学問、幅広い知識、精神の修養などを通して得られる創造的活力や心の豊かさ」だとあります。

心の豊かさを得ることが、そんなに難しいはずがありません。

現にあなたは、すでに「数秘」の教養を身につけています。

何かを学ぶとき、その本質がわかってしまうと、すべてが一気にわかるということがあります。

本書では、私たち一人ひとりに与えられたエネルギーについて書いてきました。
「エネルギー」は「キーワード」とも置き換えられます。
数秘を知ることで、いままで知らなかった自分に会えたのではありませんか。
それまで知らなかった自分の気持ちや行動に、納得できたのではありませんか。
宇宙の仕組みを知ることで、真のスピリチュアルにも目覚めたことでしょう。

あとは、日々の感謝を忘れずに、ちゃんと暮らしていくだけです。
迷ったら、数秘が助けてくれます。アロマが癒やしてくれます。

「思考に気をつけなさい、それはいつか言葉になるから。
言葉に気をつけなさい、それはいつか行動になるから。
行動に気をつけなさい、それはいつか習慣になるから。
習慣に気をつけなさい、それはいつか性格になるから。
性格に気をつけなさい、それはいつか運命になるから。」

この言葉は、私が毎日を送るなかで、心にいつもとめている、尊敬するマザー・テレサの言葉です。

数秘とアロマセラピーは、あなたの人生に、素晴らしい幸せの花を咲かせることでしょう。そのきっかけに、この本がなったのなら、著者としてうれしいです。

最後に、出版のご縁をくださり、丁寧に対応いただきましたきずな出版の岡村季子さん、ご縁をつないで、いつも私に励ましの言葉をくださったJulia☆さん、関わってくださったみなさまに、感謝申し上げます。

柳原いづみ

●著者プロフィール

柳原いづみ

天性のスピリチュアルな才能と望む現実をつくりだす起業能力で、女性の自立支援や「人から人へ愛を運ぶ」をモットーの人材育成を手がけるなか、自然の恵みを凝縮したアロマセラピーに、古代の英知の数秘学やカラーセラピー、月のリズム等を組み合わせ、脳と心が幸せを選ぶ「幸せ選択理論」をベースとし、望むままに人生を輝かせる、開運と愛と美と豊かさを追求した、オリジナルメソッドを確立。
本質や魅力を美しく開花させ、輝く女性の幸せスタイルを楽しみながら、自分の「好き」が、誰かの「喜び」につながる、日本で初めての開運のお稽古と資格取得のアカデミーを主催し、多くのみなさまを幸せな人生に導いています。
フォーチュンスタイリストアカデミー代表／一般社団法人 日本エッセンシャルオイルスタイリスト協会会長理事／フォーチュンサロン・フレグランステラ主催
著書に『アロマティックカラースタイリング』『アロマティックヌメロロジー　幸せの花を咲かせる香りのレシピ』（ナチュラルハーモニー＆サイエンス）

きずな出版

幸せに生きるためのフォーチュン数秘学
——数とアロマの開運法則

2017年12月1日　初版第1刷発行

著者　柳原いづみ
発行者　櫻井秀勲
発行所　きずな出版
東京都新宿区白銀町1-13　〒162-0816
電話　03-3260-0391
振替　00160-2-633551
http://www.kizuna-pub.jp/

編集協力　ウーマンウエーブ
ブックデザイン　福田和雄（FUKUDA DESIGN）
印刷・製本　モリモト印刷
　ISBN978-4-86663-016-8